Karsten Massei

Versöhnung mit dem inneren Menschen

Karsten Massei

Versöhnung mit dem inneren Menschen

FUTURUM

Der Futurum Verlag wird vom Bundesamt für Kultur
für die Jahre 2021–2024 unterstützt.

1. Auflage 2022

Layout und Satz: Satz für Satz, Wangen im Allgäu
Umschlagabbildung: meric dagli/unsplash
Einbandgestaltung: Finken & Bumiller, Stuttgart
Druck und Bindung: Florjančič tisk, Maribor Printed in Slovenia

ISBN: 978-3-85636-275-1

Inhalt

I. MEDITATION

1 Vorblick

UMKREISEN

Der Versöhnung, ihrem Wesen, kommt man nur näher, wenn man es umkreist. Am sirrenden Flug der Schwalben, im taumelnden Tanz der Schmetterlinge lässt sich erleben, wie es gehen kann. Hingegen flieht das Ziel, das Wesen der Versöhnung zu verstehen, wenn man es direkt anvisiert. Definitionen oder Lehrsätze sind ihm fremd. Es lässt sich nicht begreifen oder denken; es ist etwas in ihm, das vor allem Denken ist und deshalb vor ihm nicht bestehen kann. Versöhnung ist flüchtig, lose, noch unbegriffen und unbegreiflich.

Wir werden uns also anpassen und kreisen. Wer sich um Erkenntnis bemüht, kann von den Tieren lernen. Im Blick einer Kuh kann er etwas finden, das ihn nicht mehr loslässt. In ihren Augen ist eine Tiefe, eine Ruhe, die unendlich erscheint. Wenn wir so denken, so die Erfahrungen im Inneren bewegen würden! Oder wir beobachten eine Eule. Ihre Stille steckt ihren Umkreis auf magische Weise an. Selbst ihr Flug verrät sich durch kein Geräusch. Auch im Aufsteigen der Lerche oder im Schwärmen der Bienen liegt viel, was sich übernehmen ließe. Erkenntnis vollzieht sich in unsichtbaren Gesten. Im Einfühlen. Im Wiedererklingen der Erfahrungen auf ihren Wegen durch die Seele. In der Reflexion, in der Meditation.

ÜBERRASCHUNGEN

Die Arbeit an diesem Buch begann, als ich begriff, dass sich das Böse, das sich in vielen Spielarten zeigt, hinter erstarrten

Masken verbirgt. Sie zeigen nicht das wahre Wesen, sondern ein entstelltes, verfälschtes. Das Böse ist anders, als es sich uns offenbart. Seitdem habe ich versucht, hinter diese Masken zu schauen; es ist mir mal besser und mal schlechter gelungen, denn es ist eine mitunter ermüdende Tätigkeit. Das Dasein hinter den Masken des Bösen hat mich immer wieder überrascht. Ich bin einer Welt begegnet, die ich erst langsam kennenlernte. Sie ist voller Wunden, Ängste, Trauer und Verzweiflung. Die Masken des Bösen sind ein Schutz dagegen, dass das wirkliche Leid ruchbar wird. Das Böse schützt sich mit allen Mitteln dagegen, seine Wunde preiszugeben. Denn es ist Wunde. Schon die Neigung zur Überheblichkeit, zum Spott, zum Bloßstellen, die Lust, andere (und auch sich) zu kritisieren und verächtlich zu beurteilen, sind Wundzeichen. Mehr noch ist es das Verlangen, zu beherrschen, zu unterdrücken und zu verletzen.

Ich verstand, dass das Böse eine Reaktion ist auf Schmerzen und Leid, denen man hilflos und ohnmächtig gegenübersteht. Erlittene Ohnmacht erzeugt die Neigung, Ohnmacht bei anderen Menschen hervorzurufen. Solange man sich den Schmerzen der Seele nicht stellt oder nicht stellen kann, ist der einzige Weg, sie zu ertragen, sie andere Menschen fühlen zu lassen. Leid setzt sich so fort.

Den Masken des Bösen mehr Glauben zu schenken als dem, was sie verbergen, führt dazu, dass man sich über das Wesen des Bösen täuscht. Indem man sich täuschen lässt und daraufhin falsche Schlüsse zieht, unterliegt man der Gefahr, selber böse zu werden. Das Verkennen des Bösen, die Missdeutung seiner Wesensnatur hat Folgen für den Menschen. Er lässt sich von dem, was er eigentlich ablehnt, anstecken, ohne die Ansteckung als solche zu bemerken. Dadurch steht er in der Gefahr, Komplize zu werden.

Das hat dazu geführt, dass ich begonnen habe, über das Wesen der Versöhnung nachzudenken. Dabei bin ich mir selber in den Fokus der Betrachtung geraten, sehr zu meinem Nachteil. Denn ich habe erkannt, wie viel mir zur Meisterschaft der Versöhnung fehlt. Ich habe mir viele Fragen gestellt, auch persönliche. Ich habe mich mit anderen Menschen besprochen, gelesen, meditiert, geforscht. Vor allem habe ich dadurch gelernt, neu auf den inneren Menschen zu schauen. Sein Wesen ist mir dabei immer vertrauter geworden. Mein letztes Buch vom Wesen des kosmischen Kindes war ein erster Niederschlag dieser wesenhaften Betrachtung des Menschen. Diese erfährt hier ihre Fortsetzung und Erweiterung.

LÜCKEN UND VORSCHLÄGE UND DIE LEERE

Versöhnung ist voller Geheimnisse. Sie rührt an Dinge, die noch sehr viel Zukunft in sich haben. Verzeihen und Versöhnen sind hohe und seltene, oft spontan auftretende Fähigkeiten. Wenn wir uns ihnen hier zuwenden, dann mit der Zurückhaltung, die zukünftigen Fähigkeiten angemessen ist. Das lässt beim Lesen viele Freiräume. Erst als ich den Mut fand, diese Räume den Lesenden zu überlassen, war es mir möglich, über dieses Thema zu schreiben. Entstanden ist daraus ein Text voller Lücken. Das mag das Lesen erschweren, aber vielleicht ist anders Schreiben heute gar nicht mehr möglich. Lösungen, Definitionen, absolute Wahrheiten aufzustellen und zu predigen, geht nicht mehr.

Die Lesenden zu bevormunden liegt nicht in meiner Absicht, doch möchte ich nicht darauf verzichten, meine Weise, auf die Dinge zu schauen, darzustellen. Nur so lässt sich ein Gespräch führen. Zuhören ist Sache des Lesenden; die Sache des Schreibenden ist es, genügend Luft, freie Räume und Lücken zu lassen, in und zwischen denen sich gehen, atmen, denken und erfahren lässt.

Hier soll ein Weg vorgestellt werden, neben dem viele andere individuelle stehen können. Die Epoche allgemeingültiger Wege ist zu Ende. Den eines anderen Menschen zu kopieren, führt nur zu Konfusionen und Missverständnissen. Denn jeder einzelne Weg ist nicht mehr und nicht weniger als ein Beispiel. Ihn als ein solches zu verstehen, setzt die Verantwortung des Einzelnen erst in die eigene Kraft.

Mit dem Wesen der Versöhnung stehen wir erst am Anfang. Wir müssen uns von Mythen und Dogmen, die uns seit langen Zeiten an bestimmte Gedankenformen fesseln, frei machen. Sich von ihnen lösen bedeutet, einen ungewohnten Raum der Leere zu betreten. Diese Leere ist eine wesentliche Erfahrung. Sie ist nicht immer angenehm und wir weichen ihr auch aus; aber es ist unsere Leere. Sie steht am Anfang jener Welterfahrung und Welterkenntnis, die auf den ureigenen Impulsen der heiligen und heilenden Individualität beruhen.

WESEN

Allgemein meinen wir, in einer Welt der Dinge und Kräfte zu leben; zu wenig ist uns bewusst, dass uns eine Welt der Wesen umgibt. Noch weniger bewusst ist uns, dass auch in uns, in unserer Seele, selbst in unserem Ich nicht nur Kräfte, sondern Wesenheiten anwesend und wirksam sind; wir nehmen diese Wesen in uns zwar wahr, aber sprechen ihnen aus unerfindlichen Gründen ihre Wesenhaftigkeit ab. Wir reden vom inneren Menschen, aber schon die Seele als ein Wesen, als eine Wesenheit zu begreifen, scheuen wir uns, selbst wenn wir beständig und unmittelbar Zeugen ihres Wesens sind. Liebe, Geduld, Wut, Zorn und Hass halten wir für Eigenschaften der Seele, aber nicht für Wesenheiten; dasselbe gilt für das Ego, das Ich und das höhere Selbst und die Schattenwesen der Seele. Aufgabe dieses Buches ist es, diesen wesenhaften Blick vorzustellen.

Versöhnung ist auch ein Akt der Gnade. Deshalb ist sie unberechenbar. Man kann sie sich wünschen, sie erhoffen, aber nicht erzwingen. Das versetzt einen der Versöhnung gegenüber in einen merkwürdigen Zustand. Wo sie wirkt und in welchem Ausmaß, untersteht nicht nur dem eigenen Willen – aber wem untersteht es? In ihr wirkt offenbar etwas anderes, Höheres. Und dennoch: Versöhnung ist nicht voraussetzungslos. Man kann sich vorbereiten, sie zu empfangen. Aber wie? Um diese Frage geht es hier. Dazu werden Steinchen um Steinchen zusammengetragen. Mein Anliegen ist es, Wege und Schritte aufzuzeigen, die darauf vorbereiten, dem Wesen der Versöhnung zu begegnen und seiner Gaben teilhaftig werden zu können.

Das ist kein bequemer Weg, denn er führt in Tiefen des eigenen Wesens, die dem oberflächlichen Blick nur zu leicht entgehen. Versöhnung setzt voraus, die Wunden anschauen und verstehen zu wollen, aus denen der Wunsch nach Vergebung und Versöhnung hervorgeht. Erst eine Kenntnis des inneren Menschen, seiner Schatten- wie seiner Lichtseiten, gibt Hinweise auf die Quellen, aus denen die Kraft zur Versöhnung genährt wird.

GLIEDERUNG

Dieses Buch beginnt mit einer gründlichen Ausführung über die Praxis der Meditation. Darin wird Meditation als eine Methode vorgestellt, durch die es möglich ist, zu individuellen Erfahrungen und Erkenntnissen zu gelangen. Meditation ist eine Praxis der Entwicklung und Einübung neuer Fähigkeiten. Sie ist die Methode, die dieser Darstellung zugrunde liegt.

Der zweite Teil des Buches befasst sich mit der menschlichen Wesenheit und Individualität. Sorgfältig wird ein Erfahrungsweg aufgezeigt, der vom Ego über die Person und das Wesen des Ich zur göttlichen Individualität des Menschen führt. Solche Erfahrungen dienen der Kenntnis vom inneren Menschen. Sie können dazu verhelfen, das eigene Licht und Wesen zu schauen, zu verstehen und zu entwickeln.

Im dritten Teil wird das Wesen der Versöhnung im Zusammenhang mit der Verwandlung der menschlichen Seelenschatten in den Mittelpunkt gestellt. Daneben werden Wege dargestellt, die zu einer Erkenntnis der kosmischen Seele führen können. Die Bedeutung wird aufgezeigt, die sie als Lebensquelle für den Menschen haben kann.

2 Quellen des Wissens

BILDER

Mitnichten sind wir mittellos. Zahlreiche reine Quellen des Wissens liegen in uns. Diese verdanken wir unserer sichtbaren und unsichtbaren Wesenheit und Organisation. Wir sind vieldimensionale Wesen. Zwar kennen wir nicht alle Welten, in denen wir uns aufhalten; viele sind noch verborgen. Die irdische ist nur unsere gewohnteste. Dasjenige, was wir als Schlafende erleben, als Verstorbene oder Ungeborene, gehört ebenfalls zu uns. Es sind die verborgenen Dimensionen unseres Wesens, aber nichtsdestotrotz sind der Schlaf, das Nachtodliche und das Vorgeburtliche Quellen unserer Erfahrungen und unseres Wissens. Nur üben wir noch, in ihnen auf bewusste Weise zu lesen. Die Bedeutungen ihrer Gesten, Klänge, Worte und Botschaften sind bisweilen noch dunkel. Ihre Mitteilungen sind oftmals zu zart für unsere ungeübten inneren Sinne.

Sobald man jedoch beginnt, das Bild des Menschen über die irdische Welt hinausgehend zu erweitern, und andere übersinnliche Welten hinzunimmt, zeigt sich der Mensch in anderen Farben und Formen. Es ist, als stiege man vom festen Land in strömendes, unentwegt sich wandelndes Wasser. Man verliert vorerst die Orientierung. Die vertrauten Bilder verschwimmen und lösen sich auf, dafür erscheinen aber andere, die vorerst einem fremden Zauber gehorchen. Gerne beruft man sich weiter auf das, was man schon kennt und weiß – aber nur, um sich wieder an den neuen und noch fremden Bildern zu versuchen.

MAGIE DER SINNLICHEN WELT

Die Magie der sinnlichen Welt ist bewundernswert. Sie beherrscht die Seele, sie vermittelt dieser Anschauungen und Erkenntnisse, die von großer Beharrlichkeit und Sicherheit sind; sie lässt den Menschen in dem Glauben, mit ihr die letzte und letztendliche Wirklichkeit zu besitzen. Wir vertrauen der sinnlichen Welt. Sie ist unsere. Doch darüber vergessen wir nur allzu leicht die Macht, die sie über uns ausübt. Sich dieser Macht bewusst zu werden ist gar nicht so einfach; wir bemerken gewöhnlich nicht, wie wir ihr anhaften und uns unterwerfen.

Ihre Magie zu gewahren ist Arbeit, innere Arbeit; die Kenntnis der Methoden, mit denen sie uns für sich einnimmt und uns täuscht, muss ihr abgerungen werden. Der Grund dafür liegt darin, dass unsere Wahrnehmungen voller Gewohnheiten sind. Wir sind, wenn wir wahrnehmen, in einer Weise gutgläubig, die kaum zu überbieten ist. Wir halten für unbedingt wahr, was wir sehen und hören und schmecken. Im Alltag gehen wir davon aus, mit den Sinnen alles Seiende wahrgenommen zu haben. Überraschend widerspruchslos, eigentlich instinktiv, nehmen wir die Überzeugung oder den Glauben hin, mit den Sinnen alles Wesentliche erkennen zu können.

DER INNERE WEG

Doch die Quellen des Wissens liegen nicht alleine im Sinnlichen. Die Aussagekraft des Sinnlichen ist nicht unbedeutend, aber was die ganze Wirklichkeit eines Wesens, einer Pflanze, eines Tieres oder eines anderen Menschen betrifft, ist sie eingeschränkt. Sich nur der Zeichensprache, also der Phänomene, die die sinnliche Welt hervorbringt, zu bedienen, ist eine Einengung und Einseitigkeit; erst indem man die Wirklichkeit jener anderen Welten hinzunimmt, die verschleiert durch die Phänomene sprechen, gleicht sich diese Einseitigkeit aus. Damit soll nicht dafür plädiert werden, das Sinnliche gering zu schätzen und überwinden zu wollen. Gar nicht. Sich mit der physischen Welt auf eine tiefe Weise zu verbinden, liegt zweifellos im Wesen des Menschen und der Zeit. Es ist aber notwendig, sie im rechten Licht zu betrachten.

Der sinnlichen Welt bewusst zu begegnen heißt: sie weder über- noch unterschätzen. Einen spirituellen Weg gehen bedeutet, sich ein Bewusstsein und die Seelenkräfte anzueignen, mit denen man sich in ein harmonisches Verhältnis setzt zur äußeren Welt und den Eindrücken, die man aus ihr empfängt. Wir sind darin noch keine Meister. Entweder geben wir uns der Welt rückhaltlos hin oder verschließen uns vor ihr; selten jedoch stehen wir zu ihr in einem ausgeglichenen Verhältnis. Es einzunehmen ist möglich, aber das bedeutet eben, sich nach außen *und* nach innen zu wenden, sowohl dem äußeren als auch dem inneren Menschen Rechnung zu tragen.

Die Harmonie der Seele ist kein fernes, unerreichbares Gut, sondern ein vorhandenes; es ist auch nicht unterentwickelt oder gestört – es schläft aber und wartet. Wir haben ein Leben in uns, das sich danach sehnt, im besten Sinne wirksam zu werden. Es ist da und zugänglich und mit der Kraft versehen, Gesundheit und Heilung zu spenden. Dieses Leben liegt in den Gründen und Urgründen unserer Seele. Es ist eine bedeutende Quelle unserer Kraft und des Wissens. Und es scheut die Orte nicht, wo wir am dunkelsten, am tiefsten und am geheimnisvollsten sind. In diesem Leben fließt der Strom unseres ureigenen Wesens und Schicksals. Sich dieser Quelle versichern heißt Wegen folgen, die noch unbewusst, vielleicht auch schrecklich sind, von denen man aber fühlt und weiß, dass man ihnen nicht ausweichen kann.

ORGANE DER ERKENNTNIS

Der Blick in die geheimen Gründe des eigenen Wesens ist für uns in einer merkwürdigen Weise verschleiert; kaum heben wir dazu an, wenden wir uns wieder davon ab und anderen Dinge zu. Wir sind uns augenscheinlich kein Gegenstand, bei dem wir gerne verweilen. Aber es führt kein Weg daran vorbei, dieses Verweilen zu üben. Die Praxis der Meditation dient dazu, sie begabt uns, den Blick auf uns selbst zu richten.

Meditation ist ein Organ der Erkenntnis. Dieses Organ hat jeder Mensch. Es dient dazu, Einsichten in die äußere wie in die innere Welt zu erhalten. Sie ist eine Methode, Fragen zu stellen und Antworten zu empfangen, die man im Inneren der Seele vernimmt oder schaut. Meditation verspricht Erkenntnisse aus erster Hand. Die Seele findet durch die gesteigerte Aufmerksamkeit der Meditation letztendlich zu ihrer Sprache.

Meditieren ist ein Abtasten jener Regionen der Seele, in denen die Weisheit der Welt aufbewahrt ist. Es ist ein Fallen, das Übung braucht. Es führt in Gründe unseres Wesens, für die wir erst noch Vertrauen entwickeln müssen. Das heißt, sich auf eine Fahrt über das innere Meer zu begeben, wohl wissend, dass es in unbekannte Länder und Landschaften geht, die aber die eigenen sind, also solche, die vom Ich, auch wenn es uns nicht immer zu Bewusstsein kommt, so oder so bereist werden.

BEGRIFFE UND ERFAHRUNG

Bei genauer Beobachtung stellt sich heraus, dass die Begriffe, die wir verwenden, um unsere innere Welt zu benennen und zu beschreiben, oft mehr verwirren als klären. Was wir meinen, wenn wir Ich sagen, oder Ego, Person, höheres Selbst oder göttliche Individualität, ist recht unsicher. Oft spielen wir mit diesen Worten nur; wir gestehen uns nicht zu, dass sie nur mangelhaft durch echte Erfahrungen belegt sind.

Nun ist es alles andere als leicht, zu echten Erfahrungen und Wahrnehmungen zu kommen, die unserem geistigen Wesen gerecht werden. Es scheint, als hätten wir die Mittel noch nicht, das Wesen, das wir sind, wahrnehmen und erkennen zu können. Wir stehen uns selbst in einem merkwürdigen Schatten, schauen uns in den meisten Fällen durch Schleier an.

Der Grund liegt darin, dass die Begriffe, die wir verwenden, in der Regel einen bedeutenden Mangel aufweisen: Sie üben einen unverhältnismäßigen Einfluss auf unsere Wahrnehmung aus. Die Welt der Begriffe und Ideen, ihre Bedeutungen, die Zusammenhänge, besitzen eine übermäßige Macht. Denn sie lenken die Wahrnehmungen in bestimmte vorgegebene Richtungen; das führt dazu, dass es neben ihnen schwer ist, zu wirklichen Erfahrungen zu kommen.

Begriffe überblenden oftmals unsere Erfahrungen.

Wir vertrauen den Begriffen mehr als den Erfahrungen. Dabei sollte es gerade andersherum sein. Das Denken beherrscht die Wahrnehmungen, doch sollten wir über sie herrschen. Meinungen, Urteile und Bewertungen rauben den Wahrnehmungen allzu leicht die nötige Reinheit und Unmittelbarkeit, wodurch sie unter fremden Einfluss geraten.

BEGRIFFSARBEIT

Aus diesen Beobachtungen entsteht der Wunsch, Urteile unbedingt selbst hervorzubringen. Man möchte seine Erkenntnisse nicht anderen überlassen. Man möchte über seine Wahrnehmungen und Einsichten verfügen und die Art und Weise, wie Begriffe, Gedanken und Ideen aus eigenen Wahrnehmungen und Erfahrungen hervorgehen, schrittweise mitverfolgen und mitbestimmen. Das schließt aber die Zurückweisung jener Gedanken und Ideen ein, auf die man sich bisher berufen hat. Soweit sie aus Gewohnheiten entstanden sind, sollte man sich von der Anhaftung an sie lösen.

Jeder Begriff hat notwendigerweise eine subjektive Seite. Neben seiner allgemeinen Bedeutung ist sein Wesen dennoch individuell, weil er von einem bestimmen Menschen hervorgebracht wird. Er ist immer Ausdruck einer individuellen Wahrnehmungs- und Erkenntnisarbeit. Diese ihm eigene Subjektivität ist unbedingt zu achten; sie ist Zeuge der denkenden Individualität. Nur die objektive, universelle Seite des Begriffs anzuerkennen, negiert die entscheidende Arbeit und den prägenden Einfluss des einzelnen Menschen. Sich der subjektiv-objektiven begrifflichen Arbeit zu entziehen, ist je länger je mehr unverzeihlich. Sie ist, zugegeben, voller Mühen, geht langsam, auch schleppend vor sich – aber sie ist ein Urbedürfnis der modernen Seele. Der Mensch möchte erleben, dass jeder Begriff auch Ausdruck seiner individuellen Erfahrungen, Wahrnehmungen und Erkenntnisarbeit ist.

3 Wege der Meditation

DAS WESEN DER HARMONIE I

Alles Lebendige, alles Seiende, das sich uns zeigt, ist offensichtlich von einer höheren Ordnung durchdrungen. Nichts könnte ohne diese Ordnung existieren. Die einfühlsame Beobachtung beweist, dass jedes Wachstum, jede Entwicklung unbedingt harmonischen und weisheitsvollen Gesetzen untersteht. In den Bahnen der Gestirne treten diese Gesetze genauso hervor wie in jedem Samenkorn, in jedem Flügelschlag eines Vogels, in jeder Geste einer menschlichen Hand, im Aufblühen einer Pflanze und im Wechsel der Tages- und Jahreszeiten. Wir empfinden und erleben die allgegenwärtige Wirksamkeit harmonischer Gesetze gleichermaßen in den Augen eines Tieres und eines Menschen, in den Lauten und Worten, im Aufsteigen der Wolken, in den Phasen des Mondes, in jeder Geburt und jedem Tod.

Gedankenspiele wie die vorhergehenden sind folgenreich. Sich ihnen hinzugeben und sie in der inneren Schau auf sich wirken zu lassen, führt zu Erlebnissen, die besondere Eindrücke in der Seele hinterlassen. Man macht die Erfahrung, an bedeutende Quellen des inneren Lebens zu gelangen. Denn: Man ist als Mensch Teil dieser Urharmonie. Man ist immer auch Spross eines anderen, übersinnlichen Daseins. Die Individualität wird von diesem hohen Leben nicht abgewiesen, ganz im Gegenteil, sie wird von ihm angenommen, eingelassen, umhüllt; die Individualität ist Teil dieses Lebens: eine Blüte, ein Keim oder ein Funke unter vielen anderen Blüten, Keimen oder Funken. Ohne diese alles durchwebende Harmonie ist die menschliche Individualität nicht zu denken. Wir wären nicht ohne sie.

Neben diesem Grundgefühl existiert noch ein anderes: Wir

sind noch nicht da, wo wir bestimmt sind, zu sein – wo wir einmal sein werden. Wir haben noch viele und lange Wege vor uns. Niemand wird sagen, er sei schon am Ende. In jeder Individualität schlummert, allerdings auf geheimnisvolle Weise, Zukunft. Diese zur Geltung zu bringen ist eine besondere Aufgabe. Es ist eine Frage, die einen umtreiben kann: wie man sich dem verborgenen, keimhaften Zukünftigen hingeben kann.

Jene Seiten aufschlagen, die unerkannt in uns eingeschrieben sind, ist in der Meditation möglich. Die Zukunft in uns ist an die Kraft der Seele zur Stille und inneren Schau gebunden. Denn die Stimme, mit der die Zukunft spricht, ist unhörbar hörbar.

Der folgende Spruch ist *ein* Weg, sich dem Wesen der verborgenen Urharmonien anzunähern.

Mutter
des Lebens
des hohen und des irdischen
alle Sphären
empfangende Kraft

Du bist in mir
an dir schaue ich die Lebenskeime
die Lebensverwandlungen
die Lebensvereinigungen
die Lebensschöpfungen

Du bist im Außen und im Innen
trägst die Hüllen des Kosmos
und die meiner Seele
in dir
als deine immerwährenden Gaben
an das Sein

DER VERBORGENE MENSCH

Wir schrecken vor den Tiefen unseres eigenen Wesens zurück – wohl weil wir ahnen, dass das, was wir dort finden werden, mit dem, was wir erhoffen, nicht übereinstimmt. Wir ahnen, dass wir verletzter, wunder, aber auch dunkler und weisheitsvoller sind, als wir uns zugestehen.

Diese innere Schwelle ist Zeichen eines wesentlichen Übergangs, nämlich des Übergangs zu jenem Menschen, der unserem Bewusstsein vorenthalten ist, der wir aber dennoch sind. Wir kennen ihn und kennen ihn auch nicht. Wir sind er und glauben doch nur sehr zögerlich an ihn. Wir fühlen ihn mehr, als dass wir von ihm wissen. In Momenten der Not, der Bedrängnis, Verzweiflung und Angst ringen wir mit ihm. Wenn wir weinen, ist er es, der von seinem Vorhandensein kündet. Auch die Begeisterung, der Rausch, das glückliche Einssein mit uns, mit einem anderen Menschen oder der Natur, sind Zeichen, die von ihm stammen. Meistens aber ist es ruhig um ihn. Unser ganzes Wesen zieht sich merkwürdig vor uns zurück. Für diesen verborgenen Menschen sind die Seele, das Ich, die Individualität und das höhere Selbst Kleider. Er zieht sie an, offenbart sich in ihnen und verbirgt sich – solange wir nicht für ihn zu erwachen beginnen.

UNBEFANGENHEIT UND VORURTEILSLOSIGKEIT

Um Blicke jenseits der inneren Schwellen zu werfen, ist die Praxis der Meditation hilfreich. Sie versetzt in die Lage, uns die Quellen des inneren Wissens zu erschließen. Sie ist der Schlüssel der individuellen Arbeit an der Welt der Ereignisse. In der Meditation zeigt sich die Welt als eine Welt der eigenen Erfahrungen. Sie erlaubt die individuelle, ungetrübte und vorbegriffliche Wahrnehmung. Jede Meditation ist die Möglichkeit, die unmittelbare, durch keine Begrifflichkeit verzogene oder verdrehte Essenz des Daseins aufzufinden.

Unbefangenheit und Vorurteilslosigkeit sind zwei Säulen der Praxis der Meditation. Beide sind erlesene Eigenschaften der Seele. Sie leben als besondere Empfindungen und Stimmungen in ihr. Unbefangenheit zeichnet sich dadurch aus, dass man nichts Bestimmtes erwartet. Vorbehaltlos wendet man sich dem gewählten Wesen oder Objekt zu. Der Begegnung wird nichts vorweggenommen. Durch die Seelenstimmung der Unbefangenheit legt sich ein reines Licht zwischen den Menschen und die Welt. Vor diesem Licht kann nichts bestehen, was den Blick auf das andere Wesen trübt und verhindert, dass es in seiner Eigenheit und Wesenhaftigkeit erscheinen kann. Unvoreingenommenheit nimmt die Schatten und Schleier in sich auf, die unsere Wahrnehmungen vom Wesentlichen abhalten.

Ohne Vorurteil zu sein wirkt anders. Das Seelenlicht, das mit der Vorurteilslosigkeit verbunden ist, tritt im Zusammenhang mit unseren Gedanken, Erfahrungen und vorgefassten Meinungen auf. Vorurteilslosigkeit ist die Seelenkraft, sich von dem zu lösen, was das Bild des anderen Wesens oder Objekts färben oder stören könnte. Vorurteilslosigkeit ist ohne innere Bilder; Überzeugungen und Wünsche verblassen in seinem Licht.

Beide, Unbefangenheit und Vorurteilslosigkeit, sind mächtige Kräfte der Seele; im Grunde sind sie Wesenheiten. Sich auf sie einzulassen und einzustimmen hilft, ihre Gaben zu empfangen. Man kann die Erfahrung machen, in ihnen reifen, geläuterten geistigen Wesen, im Grunde Engeln zu begegnen. Indem man sich ihnen hingibt, empfängt man Kräfte, die dazu beitragen, das wahre und lebendige Bild eines anderen Wesens in sich aufnehmen zu können.

Jedes Wesen, dem man begegnet, hat seine eigenen Regeln. Sich an sie zu halten ist Voraussetzung der Wesenserkenntnisse. Die Seelengeste der Hingabe sorgt für das Einhalten dieser Regeln. Das andere Wesen zieht sich zurück, sobald sich der wahrnehmende Mensch nicht an die Regeln hält, die von diesem Wesen vorgegeben werden. Hingabe schließt aus, sich dem anderen Wesen aufzudrängen und sich seiner zu bemächtigen. Der Wunsch, über das andere Wesen zu verfügen, verbietet sich; man sieht davon ab, die Erkenntnisse, die man sich erwirbt, für andere bzw. eigene Zwecke und Ziele zu benutzen und zu missbrauchen. Die Kraft der Hingabe hat auf die Seele eine klärende und läuternde Wirkung. Dadurch wird die Hingabe zur Wegbereiterin des Mitgefühls.

Mitgefühl macht für die verborgenen Innenwelten des anderen Wesens empfänglich. Mitgefühl lehrt genaues Lesen in den Zeichen und den Untergründen des anderen Wesens. In ihm ist das Licht, das dem anderen Wesen erlaubt, sich dem Menschen hinzugeben.

Hingabe und Mitgefühl sind Geschwister. Beide sind hohe Wesenheiten der Seele. Sie stellen sich in den Dienst des wahren Bildes des anderen Wesens. Nur schon aufgrund des Wunsches, diese Schwesterwesen kennenlernen zu wollen, beginnen sie sich der Seele mitzuteilen. Der Weg zu ihnen ergibt sich beinahe von selbst, sobald man sich von ihnen führen lässt. Sie wollen der Entwicklung der Seele dienen. Als Meditationsinhalte entwickeln sie ihren verwandelnden und veredelnden Einfluss auf die Seele. Sie wünschen, diese Arbeit an dem Wesen des Menschen verrichten zu können; allerdings ist es nötig, sie einzuladen.

DAS WESEN DER STILLE

In der Stille ist ein großes Leben. Breitet sich Stille in der Seele aus, kann der Mensch fühlen, wie er die Möglichkeit gewinnt, einem anderen Wesen zu begegnen, ohne dass es seine Eigenart aufgeben muss. In der Stille erhalten die Wesen ihre Stimme zurück; wir werden auf ihr Anderssein aufmerksam. Erst durch die Stille dringt ihr Jenseitiges zu uns durch. Die Stille ist ein besonderes Reich. In ihm werden wir feinfühlig, empfänglich und sehend. Jedes Wesen ist auf Stille angewiesen, damit es mit seinen Farben, seiner Art und seinem Heiligen vor uns hintreten kann. Anders kann es sich gar nicht entfalten. Es sind nicht wir, die die Welt erkennen; es ist die Welt, die sich uns zeigt. Sie erkennt uns. In der Stille verblasst die Illusion, dass wir meinen, wir würden die Welt sehen, ohne dass uns die Welt im gleichen Moment ebenfalls anschaut. In der Stille überlässt man es der Wahrheit, zu sprechen. Das Wesen der Stille widersteht dem Bedürfnis nach unrechtmäßigem Einfluss. Sie ist der Raum wahrer Begegnung. Ihr Wesen veredelt die Seele. Sie macht sie leicht, leuchtend, durchscheinend.

4 Das Nachbild

DAS WESEN DER HARMONIE II

Meditation wird hier als ein Weg zur Erkenntnis des inneren Wesens des Menschen verstanden; sie ist ebenfalls ein Weg, um zur seelischen Harmonie zu finden. Beide, Erkenntnis und Harmonie, tragen und ergänzen sich. Erkenntnis ohne Harmonie ist nutzlos; erst der Ausgleich zwischen ihnen gibt der Erkenntnis Kraft und der Harmonie Sinn.

Die Welt, in der wir leben, ist durch Harmonien bestimmt; jedes einzelne Wesen und auch deren Zusammenklang unterliegen einer heiligen Ordnung. Ein friedlich schlafender Hund gehört ihr ebenso an wie die Blüte an einem Johanniskraut. Das Wort, das jemand ausspricht, ist von ihr durchdrungen, aber auch die Gedanken und Ideen, derer wir uns bedienen. Das Pulsieren unseres Herzens, unser Atem, alle körperlichen Prozesse beruhen auf Gesetzen einer höheren Ordnung.

Harmonien beherrschen das irdische Dasein. An diesem Punkt länger zu verweilen, ist nicht unwesentlich, denn man kann dadurch an eine Quelle bedeutender Erkenntnisse gelangen. Alles und jedes, was einem begegnet, lässt sich unter dem Gesichtspunkt der in ihm wirksamen Harmonie betrachten. Dadurch zeigt es aber eine bisher vielleicht unbeachtete Seite seines Wesens.

Es ist nicht unwesentlich, welches Gewicht wir Erfahrungen und Gedanken wie den eben geschilderten beimessen. Die Harmonie empfinden zu können, ist eine hohe Eigenschaft der menschlichen Seele. Man kann sich darin üben. Gerade für den heutigen Menschen sind solche Übungen unerlässlich. Damit schafft er ein Gegengewicht zu den alle Lebensbereiche durchziehenden Disharmonien. Er wappnet sich, sich von jenen nicht täuschen zu lassen über den wahren Gehalt des Daseins.

DAS ÜBERSINNLICHE HERZ I

Eine wesentliche Quelle der Harmonie der menschlichen Seele ist das Herz. Das beruht darauf, dass über seine physische Bildung und seine Aufgaben hinaus bedeutsame Kräfte in ihm wirken, die aus kosmischen Weiten einstrahlen. Das Herz ist ein ungeheuer vieldimensionales Organ. Man wird ihm nur gerecht, wenn man es aus unterschiedlichen Richtungen anschaut. Um das Herz liegen übersinnliche Hüllen, an denen sein eigentliches Wesen erst hervortritt.

Inmitten der zahlreichen Lebensformen bildet der Mensch für sich selbst ein Zentrum. Seine irdische Existenz ist unbedingt an die Erfahrungen einer auf sich orientierten Wesenheit gebunden. Der Blick auf die irdische Wirklichkeit und auch auf sich selbst geht von diesem Zentrum aus. Dessen Name ist: Ich. Irdisches Bewusstsein entsteht von der Wesensmitte aus, die der einzelne Mensch bildet.

Nun entsteht Harmonie nicht alleine aus einem Zentrum, sie entsteht im Zusammenklang, im Zusammenspiel von Zentrum und Peripherie. Dieses Zusammenspiel ist im übersinnlichen Wesen des menschlichen Herzens veranlagt, deshalb ist es richtig, im Herzen den Keim für das seelische Gleichgewicht des Menschen zu sehen. Im menschlichen Herzen finden die verschiedenen Welten, denen das Menschenwesen angehört, ihren Zusammenklang und Ausgleich. Das zeigt die Bedeutung dieses Organs. Ein tiefes Verständnis des Herzens ist ein wichtiger Schlüssel für die im Menschen waltenden Gesetze der Harmonie.

Im menschlichen Herzen lebt die Geste der natürlichen und unmittelbaren Hinwendung zum Kosmos. Das übersinnliche

Herz empfängt Kräfte aus der Peripherie und vereint sie mit dem irdischen Menschen. Aufmerksamkeit für diesen Prozess zu entwickeln bedeutet, den Keim der Harmonie zu empfinden, die im Menschen und in der Seele ruht. Hohe kosmische Kräfte befinden sich in einem beständigen Zusammenspiel mit dem zentralen Ich; sie suchen das Ich, nehmen sich seiner an und hüllen es ein. Bewusstsein für die Gaben zu entwickeln, die das Ich durch das übersinnliche Wesen des Herzens empfängt, ist eine bedeutende und heilsame Meditation. Sie ist ein konkreter Weg, um sich für den anderen, den verborgenen kosmischen Menschen aufzuschließen. Denn der kosmische Mensch ist ein peripheres Wesen; im Herzen liegen Wege, sich ihm zuzuwenden.

Ein Spruch wie der folgende kann den Weg zum Wesen des Herzens erleichtern:

Erdenwesen
du trägst uns aus
seit Urzeiten
dein Herz
ernährt mich
es schlägt als das Maß aller Dinge
als die ewige Ordnung
in mir
birgt mich
heilt mich
verleiht mich mir selbst

DAS SEELISCHE NACHBILD

Jede Wahrnehmung hinterlässt Spuren in der Seele, jede schreibt sich ein, berührt die Seele, durchdringt und prägt sie. Jeder Eindruck, den wir aufnehmen, wird natürlich durch unsere Persönlichkeit gefärbt – aber nicht nur. In dem Eindruck, den man von einem Menschen, von einer Landschaft oder einer Begebenheit empfängt, befindet sich immer auch etwas von dem wahren Wesen des Menschen, der Landschaft oder der Begebenheit. Man kann davon ausgehen, dass unsere Wahrnehmungen nicht nur persönlich, also subjektiv geprägt sind, sondern dass wir immer auch Objektives, Wahres durch sie aufnehmen. Dieses schmiegt sich oftmals unbemerkt in die Seele des Beobachtenden. Doch es kann, sobald man die Aufmerksamkeit darauf richtet, bewusst wahrgenommen und erlebt werden.

Die genaue Wahrnehmung zeigt, dass von jedem Erlebnis, von jeder Begegnung mit einem anderen Wesen eine untergründige und dem Bewusstsein zunächst unzugängliche Wirkung ausgeht. Die Seele wird immer auch von den Tiefenschichten des anderen Wesens berührt und durchdrungen. Was im Bewusstsein von dieser Begegnung zurückbleibt, was man also konkret erinnert, legt sich über diese Tiefenwirkung und schwächt sie ab. Das Erinnerungsbild überdeckt und verdunkelt die tiefe unbewusste Begegnung der Seele mit dem wahren anderen Wesen. Erst wenn ich mich von diesen bewussten Erinnerungsbildern löse, sie zurückdränge oder auslösche, werde ich der untergründig mitschwingenden Wirkung gewahr werden können. Diese zeigt sich in der Form eines seelischen Nachbildes.

Sobald mir gelingt, mich von den Erinnerungsbildern frei zu machen, werde ich auf das Nachbild aufmerksam werden können. Es ist zart und lebt in aller Stille in der Seele. Seine Entdeckung ist aber bedeutsam, denn mit ihm hat man ein besonderes Mittel gefunden, um die verborgene Wirklichkeit eines anderen Wesens zu erfassen.

Man wird sich in der möglichst treuen und ungetrübten Wahrnehmung des Nachbildes üben müssen. Nachdem die Erinnerungen vergangen sind, zeigt es sich in unterschiedlicher Weise. Es tritt als Seelenstimmung, als Farben, Empfindungen und Gefühle auf. Es ist ratsam, Aufmerksamkeit für die unterschiedlichen Qualitäten zu entwickeln, die in den Nachbildern zutage treten. Ebenfalls ist es hilfreich, Formen der Darstellung und Dokumentation zu finden, durch die sich die eigenen Erfahrungen festhalten lassen. Dadurch hat man die Möglichkeit, Beobachtungen, die man am selben Objekt zu verschiedenen Zeiten gemacht hat, miteinander zu vergleichen. Mit der Zeit wird man Vertrauen in die inneren Wahrnehmungen entwickeln. Man entdeckt, dass jedes Ding und Wesen charakteristische Nachbilder hervorbringt; so ist das einer Zitrone von dem einer Orange oder Mandarine unverwechselbar verschieden. Gleiches gilt für jedes Tier, für jedes Ereignis, für jede Landschaft und jeden Menschen, selbst für jeden Begriff und jede Idee.

Anfangsmoment dieser Meditation ist die vorbehaltlose Beobachtung. Je genauer man beispielsweise einen Baum beobachtet, seine Gestalt, die Geste des Stammes und der Äste, die Rinde, die Blätter, die Blüten oder Früchte, desto unmittelbarer schreibt sich das Bild seines Wesens der Seele ein. Mit der Zeit erlebt man, wie dieses Bild in einem lebendig wird. Der Baum ist in der Seele angekommen. Er steht nicht mehr nur vor einem, sondern er ist *in* einem. Man fühlt sich seelisch mit ihm verbunden.

Das ist der Moment, in dem man das Bild, das man sich vom Baum gemacht hat, wieder loslassen kann. Das Bild würde den weiteren Prozess nur stören. Denn jetzt kommt es nicht mehr auf die sinnlichen Wahrnehmungen und das Bild, das sie in der Seele hervorgerufen haben, an, sondern auf dasjenige, was der Baum in der Seele hervorruft. Denn die Seele reagiert, sie entwickelt durch das lebendige Bild des Baumes eine Tätigkeit. Aber diese kann nur wahrgenommen werden, wenn man das Bild verdrängt, wenn es weggewischt oder ausgelöscht wird. Damit macht man aber Platz für die Wahrnehmung des seelischen Nachbildes.

Jeder Eindruck ruft in der Seele ein Nachbild hervor; es bleibt allerdings verborgen, solange man sich nicht von der Erinnerung an den sinnlichen Eindruck befreit. Gelingt es, wird man, wie in unserem Beispiel, dessen gewahr werden, was die Seele während der Beobachtung auf unbewussten Wegen vom Baum, eigentlich von seinem Wesen, empfangen hat. Indem man die innere Aufmerksamkeit auf das seelische Nachbild lenkt, tritt das ins Bewusstsein, was sich zwischen dem Baum und der Seele während der Beobachtungen abgespielt hat, aber unbewusst geblieben ist. Im Nachbild erscheint der Baum als dasjenige Wesen, das er jenseits seiner sinnlichen Erscheinung ist; er ist seiner sinnlichen Erscheinung entkleidet, und der Eindruck, den er über die Sinnesorgane hinaus auf die Seele macht, tritt ins Bewusstsein. Im Fall eines Baumes kann es sein, dass man die Kraft spürt, die ihn belebt, die er aus den Elementen anzieht und der Landschaft weitergibt. Es können Eindrücke der Elementarwesen auftreten, die im Baum und seinem Umkreis leben. Vielleicht zeigen sich seine Heilwirkungen auf die Seele und den Körper des Menschen oder die Zusammenhänge, in denen er zu den anderen Bäumen steht.

Überraschen wird das Nachbild auf jeden Fall. Dasjenige, was sich auf diese Weise einstellt, wird man nicht immer deuten können. Davon muss man sich nicht beunruhigen lassen. Die Eindrücke vom Wesen des Baumes über das Nachbild der Seele treten häufig nicht so auf, dass sie ihre Erklärung und Deutung gleich mitliefern. Das Verstehen findet auf einer anderen Ebene statt, die sich erst mit der Zeit einfindet. Zweifel, die hier entstehen können, sollen das Überraschende der Erfahrungen, die man auf diese Weise macht, nicht trüben. Zweifel lösen sich selten in den Momenten, in denen sie auftreten; deshalb darf man getrost annehmen, dass die Zeit kommen wird, da sie sich auflösen werden.

DIE GABE DER SEELE

Praktische Erfahrungen mit der Meditation als einem Mittel der Wesenserkenntnis führen dahin, die Seele immer deutlicher als das weisheitsvolle Organ zu erfahren, das sie ist. Dank ihr sind vertiefte Erkenntnisse der uns umgebenden Welt möglich. Die Seele vereint uns auf wundersame Weise mit den Erscheinungen und Phänomenen der Erde, indem sie uns auch auf jene Welten aufmerksam macht, aus denen die Erscheinungen und Phänomene hervorgehen. Dank der Seele empfangen wir Hinweise aus der Wesenswelt, die unsere irdische umgibt, nährt und trägt.

Mit dem Körper gehören wir der dinglichen Welt an, durch ihn grenzen wir uns ab, sind ein Wesen unter anderen. Mit der Seele verfügen wir über die Gabe einer inneren Welt; dank dieser stehen wir mit den Welten, die uns umgeben, in einer anderen Beziehung. Wir vereinigen uns innerlicher mit diesen. In der Seele lebt die Kraft, uns die Einheit zurückzugeben, die uns durch unser körperliches Dasein abhandengekommen ist. Getrennt zu sein ist eine Gabe des Körpers, eins mit der Erde zu sein ist eine der Seele. Geborgenheit, Zugehörigkeit, Identität sind deshalb ihre Kinder.

5 Die Weisheitsnatur der Seele

DAS GROSSE BUCH

Ein besonderes Erlebnis half mir, das Wesen der Seele tiefer zu verstehen. Auf einem Spaziergang erblickte ich eine Krähe, die vor mir über dem Weg auf einem Baum saß. Ich blieb stehen und sah zu dem Vogel hinauf. Hin und wieder krächzte er. Ich hatte schon öfter erfahren, dass solche Zusammentreffen nicht zufällig sind, deshalb sprach ich die Krähe an und fragte sie, was sie wolle. Sie flog auf und setzte sich auf einen benachbarten Baum. Ich wiederholte die Frage. Schließlich vernahm ich, was sie sagte: Kennst du die Krähenseele in dir? Sie sagte nicht mehr, wünschte gar keine Antwort, die Frage war ihr genug. Sie ist mir geblieben. Seitdem suche ich meine Krähenseele immer wieder auf, aber auch andere, die Kuhseele, die Rehseele und diejenigen, die ich mit den Bäumen und Pflanzen gemeinsam habe.

Dieses Erlebnis hat dazu geführt, die Seele von einer anderen Seite zu verstehen. Die Gaben der Seele an den Menschen bestehen darin, dass er durch sie die Welt erfühlt, schaut und versteht; sie offenbart ihm die Wesensfülle, die Vielfalt, den Reichtum und die Wunder des Daseins. Über das hinaus vereint sie ihn mit der Wirklichkeit auf eine intime Weise. Denn in ihr sind Kammern, unendlich an der Zahl, in denen die Wesen der Tiere, der Pflanzen, der anderen Menschen leben. Jede Landschaft, jede Zeit und Epoche hat ihre Zelle; die Momente unseres Lebens, auch die der vergangenen Leben, sind ihr eingeschrieben. Deshalb können wir in unserer Seele umhergehen wie in einer geheimnisvollen Bibliothek. Dort sind die Bücher des Daseins gesammelt. Jedes Wesen hinterlässt in diesem Buch untilgbare Spuren; sie lassen sich aufspüren, bloßlegen. Es gibt nichts, was sich in dieser Bibliothek nicht finden ließe: alle Erkenntnisse, auch die tiefsten, Bilder vergangener Taten, die Weisheit der Planeten und Sterne, selbst Zukünftiges.

DIE WAHRHEIT DER BEGRIFFE

Nicht nur auf das, was wir durch die Sinne wahrnehmen, antwortet die Seele, ebenso antwortet sie auf unsere Gedanken und Vorstellungen. Jede Idee, jeder Gedanke schmiegt sich mit seinem Wesen in die Seele. Es ist eindrucksvoll, darauf zu achten, welche Wirkungen bestimmte Gedanken auf die Seele haben. Man braucht dazu nur einmal die Wirkungen der drei Begriffe Kritik, Interesse und Hingabe auf die Seele zu untersuchen. Die Seele reagiert auf jeden dieser Begriffe auf eine vollständig andere Weise. Der Begriff Kritik löst in der Seele ein Geschehen aus, welches mit dem, das der Begriff Hingabe auslöst, nicht zu verwechseln ist. Solche Wahrnehmungsübungen werfen ein Licht auf die Tatsache, dass der Umgang mit Begriffen für die Seele nicht folgenlos ist; das Denken hat auf die Seele einen bedeutenden formenden Einfluss. Denken kann die Lebenskräfte stärken, aber ebenso schwächen. Erfahrungen dieser Art machen mit den heilenden Wirkungen bekannt, die das Denken auslöst. Von manchen Texten, wie beispielsweise der Bhagavad Gita, den Reden Buddhas oder dem Johannesevangelium, gehen ausnehmend wohltuende Wirkungen aus. Solche Texte zu lesen und zu meditieren vermittelt der Seele heilende Kräfte, die sie noch nicht aus sich selbst hervorbringen kann.

HINTERGRUNDRAUSCHEN DER SEELE

In dem vorangegangenen Kapitel ist eine Methode der Meditation vorgestellt worden, mit der es möglich ist, Erkenntnisse zu erwerben, die dem gewöhnlichen Bewusstsein entzogen sind. Diese Methode rechnet mit der Fähigkeit der Seele, Nachbilder zu erzeugen; neben diese Methode tritt eine zweite, die nunmehr geschildert werden soll.

Jede unserer Wahrnehmungen geht besondere Wege. Jeder Eindruck, den wir empfangen, unterliegt einer besonderen Prozedur. Ein Dreieck, der Gesang eines Vogels, eine Farbe, ein Geruch, ein Motorengeräusch, die Stimme eines Menschen oder der Geschmack eines süßen Kuchenstücks werden zum Eigentum der Seele. Die Eindrücke fallen in die Seele und verschwinden in ihr. Aber sie wandeln sich auch.

Man kann nun versuchen, die Wandlungen der Sinneseindrücke zu verfolgen, indem man beobachtet, was mit diesen Eindrücken geschieht, sobald sie von der Seele aufgenommen werden. Dadurch gewahrt man, in welchem unentwegten Zusammenklingen die Seele mit der Welt ist. Man dringt in ein Geschehen ein, das weitgehend unbewusst bleibt, aber dennoch von großer Bedeutung ist; man wird auf das beständige Hintergrundrauschen aufmerksam, das uns unmerklich und ununterbrochen begleitet. Denn die Seele antwortet auf dasjenige, was sie von den Sinnen empfängt. Daran zeigt sich ihre natürliche Teilhabe an dem äußerlichen Geschehen.

DER SEGEN DES VERGESSENS

Was die Seele aufnimmt, fällt; es fällt am Bewusstsein vorbei in Untergründe, die wir kaum kennen, und wird vergessen. Man kann diesem Fallen der Eindrücke Aufmerksamkeit schenken.

Man schaut ihrem Verschwinden nach. Sie vereinigen sich mit uns, aber so, dass wir diese Vereinigung kaum wahrnehmen. Wir wissen nicht, wohin sie fallen. Wir fühlen vielleicht noch den dünnen Faden, der unser Bewusstsein mit ihnen verbindet, das ist aber alles.

Alles, was wir erleben, geht durch einen Nullpunkt hindurch, denn alles wird vergessen. Jedes Erlebnis durchwandert die Seele bis zu dem Punkt, an dem es in eine Welt einbricht, in der wir es nicht mehr verfolgen können. Es entschwindet in eine andere Welt, und das geschieht selbst dann, wenn wir uns im nächsten Augenblick wieder erinnern. Wo der entfallende Eindruck war, was mit ihm geschehen ist, kann man nicht wissen. Denn schließlich hatte er sich vom Bewusstsein vollständig gelöst. Indem man sich an ihn erinnert, taucht er aus der Welt, in der er war, wieder auf.

Vergessen ist für das Bewusstsein ein Segen. Es erlaubt ihm, sich immer wieder neu zu sammeln; ohne das Vergessen würden wir uns nicht als ein eigenes Wesen erfahren können. Man kann tatsächlich sagen, dass das Vergessen eine Gabe ist, letztendlich eine Gabe der Engel, durch die wir zu einer Erfahrung unserer eigenen Wesenheit kommen. Erst wo man alle Eindrücke und Erfahrungen loslässt, kann man in die Stille und Einsamkeit des eigenen Wesens eintreten. Erst das Vergessen und sein Widerpart, das Erinnern, geben uns den geistigen Raum, sowohl unser Geheimnis als auch unsere Wesensfülle zu erleben.

FALLEN UND STEIGEN

Jedes Fallen löst ein Aufsteigen aus, jedes Loslassen führt zu einer neuen Begegnung. Das gilt auch für die vergessenen Eindrücke. Indem wir den Faden verlieren, der unser Bewusstsein mit ihnen verbindet, vereinen sie sich mit der Weisheitsregion unserer Seele. Sie fallen in jenes andere Land der Seele, von dem unser Tagesbewusstsein ausgeschlossen ist. Sie vereinen sich mit der Nachtseite der Seele, die kosmisch geblieben ist. Was vergessen wird, fällt nicht in ein Nichts, sondern wird von jenem Seelenwesen aufgenommen, das unsere weisheitsvolle kosmische Natur ist. Diese Natur ist uns fremd, es wird nicht viel über sie geredet, was aber nichts heißen soll. Denn unser Seelenwesen ragt weit über dasjenige hinaus, das wir bewusst erfahren. Die Seele hat immer auch eine kosmische Natur.

Im Erinnern steigen die vergangenen Ereignisse wieder auf. Erinnerungen sind nichts anderes als ein Wiedererscheinen von Ereignissen, die sich inzwischen mit dem Kosmos vereint haben. Der Faden, der sie mit dem Bewusstsein verbindet, wird nie vollständig gelöst; sie steigen an ihm wieder herauf – dann erinnert man sich.

ERKENNTNISSE

Wie ich dem Vergessen meine Aufmerksamkeit schenke, indem ich dem immer dünner werdenden Faden folge, der mein Bewusstsein mit einem bestimmten Ereignis, einer bestimmten Wahrnehmung verbindet, kann ich auch beobachten, in welcher Weise der entfallene Eindruck aus den unbewussten Gründen meiner Seele wieder auftaucht. Die einstige Wahrnehmung dämmert, nachdem es still um sie geworden ist, wieder auf.

Was nun auf diese Weise aufsteigt, lässt sich in aller Ruhe empfangen. Gefragt ist allerdings eine möglichst zurückhaltende und genaue Beobachtung. Ohne sich einzumischen schaut man dem Faden hinterher, also der Seelenspur des Eindrucks, und achtet auf dasjenige, was an ihm wieder herauf findet. Was so aus der Seele aufsteigt, kann recht unterschiedliche Formen annehmen: Es können Bilder, Empfindungen, Gefühle, Klänge, Worte oder eine Mischung aus allem sein. Je mehr man sich eigener Wünsche, Annahmen und Vorstellungen enthält, desto klarer werden die Eindrücke sein, die man empfängt.

Ohne Zweifel ist Übung nötig, um dieser Methode vertrauen zu können; Ziel ist, Zugang zu der verborgenen, weisheitsvollen Natur der eigenen Seele zu gewinnen. Diese offenbart sich nicht leichtfertig. Man wird viele Anläufe nehmen müssen und sich nicht entmutigen lassen dürfen. Was antwortet, ist nicht der bewusste Teil der eigenen Seele, sondern ihr kosmischer. Was zu sprechen beginnt, hat bisher geschwiegen, hat schweigen müssen, denn dem Bewusstsein war nicht möglich, ihm gegenüber wach und aufmerksam zu bleiben.

Die Seele offenbart dem Menschen auf diese Weise ihr kosmisches Wesen, denn es sind Antworten des Kosmos, die sich so empfangen lassen. Eine Wahrnehmung verliert sich nicht einfach im Ungewissen und im dumpfen Unbewussten der Seele. Sie vereint sich, sobald sie in den Zustand des Vergessens übergegangen ist, mit dem Urgrund allen Seins, dem kosmischen Dasein, das aller Wesen ursprüngliche Heimat ist.

Solche Beobachtungen wecken die Aufmerksamkeit für die ursprüngliche Verbindung und Einheit zwischen uns und den zahlreichen Wesenheiten der Erde. Wir erleben, dass es einen Zugang gibt zu den Geheimnissen der Erde. Diesen Geheimnissen können wir näherkommen, wenn wir über die subjektiven Erfahrungen hinausgehen, die uns die Erinnerungen vermitteln. In dem, was sich durch sie zeigt, ist immer auch Überpersönliches, das uns in Sphären tieferer Wesenserkenntnis führt.

6 Die Weisheit der Erde

DAS WESEN DER ERDE

Wir wollen nun einen nächsten Schritt gehen. Er liegt zugegebenermaßen nicht auf der Hand, aber es wird sich zeigen, dass es sinnvoll ist, ihn zu gehen. Nachdem wir das Wesen der Nachbilder und die Gaben der weisheitsvollen Seele untersucht haben, wenden wir uns nun dem Wesen der Erde zu. Damit vollziehen wir einen Schritt, der uns mit einer neuen Methode der Meditation vertraut macht. Dabei spielt das Wesen der Erde eine bedeutende Rolle.

Der Grund dafür, dass das Wesen der Erde hier in den Vordergrund rückt, liegt in der Brisanz, die in unserer Beziehung zur Erde liegt. Wir stehen an einem Scheidepunkt. Nicht zu leugnen ist, dass die Menschheit gezwungenermaßen in ein neues Verhältnis zum Wesen der Erde eintreten muss. Es ist im Grunde ein Versöhnungsweg, der vor uns liegt. Das bedingt aber, sich dem ganzen Geheimnis der Erde stellen zu wollen. Offenbar wird es wohl erst in Zukunft werden, denn es ist eine große und Geduld erfordernde Arbeit, das Wesen der Erde bis in seine Tiefen zu verstehen. Aber doch geht diesen Weg, die Geheimnisse der Erde kennenzulernen, schon jede und jeder, also die gesamte Menschheit. Denn mit der Erde hängt doch der Entwicklungsweg der Menschheit untrennbar zusammen. Die Menschheit ist eins mit der Erde, denn es ist undenkbar, die Entwicklung der Erde von der des Menschen zu trennen. Sie sind zusammen eine Entwicklungslinie.

Offensichtlich ist die Erde von weisheitsvollen Kräften durchdrungen; das Leben auf ihr folgt Gesetzen, die ohne Zweifel von hoher Natur sind. Aber die Erde als ein Wesen zu betrachten, drängt sich dem modernen Menschen nicht auf. Sie ist von einer Vielfalt, einem Reichtum und einer Größe, die es erschweren, sie als ein einheitliches Wesen wahrzunehmen. Unsere Vorstellungskraft reicht kaum aus, ein vollständiges Bild ihres Wesens zu entwerfen; unser Bewusstsein versagt vor dieser Aufgabe.

Leichter, als sich Vorstellungen von der weisheitsvollen Ordnung und hohen Natur der Erde zu machen, ist es da, diese zu erfühlen und sich von ihnen erfüllen und durchdringen zu lassen. Es ist die Kraft der Empfindung, die hier weiterhilft; sie ist lebendig genug, Erkenntnisse zu vermitteln, wo unsere Vorstellungsfähigkeit nicht hinreicht. Die Empfindung ist durchaus ein Organ der Erkenntnis: Wo wir Zusammenhänge noch nicht bewusst überschauen und verstehen können, vermittelt sie uns bedeutende innere Erlebnisse und Erfahrungen.

Um das Wesen der Erde in seiner Ganzheit zu begreifen, können wir uns Zeit lassen; wir können sehr behutsam und langsam vorgehen. Wir können uns vorerst einzelnen Phänomenen zuwenden. Die Gezeiten, die Winde, Stürme, die unterschiedlichen Lichtqualitäten, Tages- und Jahreszeiten, die Tier- und Pflanzenwelt, Erdbeben, vulkanische Phänomene stehen alle in einem engen Zusammenhang mit dem Erdenwesen. Jeder dieser einzelnen Bereiche ist ein Ausdruck des Erdenwesens. Im Vogelzug, überhaupt in den Wanderungen der Tiere und in den Rhythmen, denen die Tiere der Luft, des Landes und der Wasser unterworfen sind, zeigt sich immer auch das Wesen der Erde. Jede Pflanze, jede Blüte ist eine Offenbarung der Erde, jedes schlüpfende Vogeljunge, der Fisch, der still im fließenden Wasser steht, die flimmernde Libelle ist eine Weise, wie sich das Wesen der Erde offenbart. Aber auch der Blitz, der Regen, das Meer, jeder Sonnenaufgang, selbst die nächtliche Sternenpracht sind Zeichen, die für das hohe Wesen aufmerksam machen, das die Erde ist.

Indem wir die einzelnen Phänomene mit der Kraft unserer lebhaften Empfindung durchdringen, machen wir immer auch Erfahrungen mit und an dem Wesen der ganzen Erde. Unsere Seele berührt durch das einzelne Phänomen immer auch das Ganze, nur tut sie es so, dass wir davon nur wenig wahrnehmen. Vor allem die Gabe der Empfindung weist Wege, auf denen, zu einem späteren Zeitpunkt, das ganze Wesen der Erde vor uns erscheinen kann.

DAS GANZE UND DAS EINZELNE

Es kommt darauf an, in welchen Zusammenhang ich eine einzelne Wahrnehmung stelle. Betrachte ich ein Phänomen nur für sich, dann wird es mir nur dasjenige verraten, was es für sich ist. Wenn ich aber die natürliche Ordnung, in der es eingebettet ist, hinzunehme, also das einzelne Wesen in das Ganze der Erde hineinstelle, erweitern sich meine Erfahrungen. Ich erlebe die Einflüsse, die zwischen dem einzelnen Wesen und dem Wesen der Erde bestehen. Das Tier, die Pflanze, das einzelne Phänomen offenbart sein Wesen durch die Lebenshüllen, in die es eingelassen ist. Es erklärt sich immer auch durch das Ganze.

Auf der Erde ereignet sich nichts, das nicht in einem unmittelbaren und existenziellen Zusammenhang mit dem ganzen Wesen der Erde stünde und einen Bezug zu diesem hätte.

Jedes Phänomen löst Empfindungen in der Seele aus. Ein sanfter Regen, das erste Licht des Tages, ein strömender Fluss, hohe schneebedeckte Berge in der Ferne oder eine weidende

Kuh rühren etwas in uns an, das nicht nur persönlich, sondern immer auch überpersönlich ist. Diese lebhaften Empfindungen können wir durch einen bewussten Schritt mit dem Wesen der Erde vereinen. Auf diese Weise stellen sich Einsichten ein, die Hinweise auf übergeordnete Zusammenhänge sind.

Mit der Zeit verändert sich durch solche Übungen und Meditationen das Gefühl zur Erde. Sie gewinnt etwas, das man Durchsichtigkeit nennen kann. Es zeigen sich die Bedeutungen der einzelnen Phänomene im Zusammenhang mit dem Ganzen der Erde. Die Erde wird dadurch zum Maß der irdischen Dinge und Ereignisse. Erst was im Zusammenhang mit dem Wesen der Erde betrachtet wird, offenbart seine eigentliche Bestimmung, seinen eigentlichen Sinn. Immer klarer wird, mit welchem Recht der Erde das Mütterliche zugeschrieben wird. Ihr verdankt das Leben ihren Ursprung; auch unser Dasein beruht darauf, dass die Erde uns dank ihres mütterlichen Wesens birgt, hervorbringt und wieder loslässt.

Meditationen solcher Inhalte sind in ihrer Wirkung nicht zu unterschätzen. Sie dienen nicht nur der individuellen Erkenntnis, sondern auch dazu, ein geistiges Gleichgewicht zu schaffen, das heute nötiger ist denn je.

IM LICHT DER ERDE

Der Wunsch, sich den Tiefen des Erdenwesens zuzuwenden, ist der Beginn einer Reise, von der man nicht sagen kann, wann sie zu Ende sein wird. Motiv für diese Reise ist letztendlich der Wunsch, Verständnis für unsere Existenz erwerben zu wollen. Man möchte wissen, worauf die Existenz gründet, die wir als Wesen der Erde führen.

Im letzten Kapitel ist beschrieben worden, dass das Bewusstsein den Sinneseindrücken folgen kann, die in die Seele hineinfallen, um vergessen zu werden. Das Bewusstsein kann sich mit einer ähnlichen Geste dem Wesen der Erde hingeben. Es kann sich dem hohen Wesen der Erde anvertrauen. Denn die Erde hat Kammern in sich, die dem Bewusstsein erlauben, sich mit der weisheitsvollen mütterlichen Natur der Erde zu vereinen.

Sobald sich die Seele mit gesteigerter Aufmerksamkeit dem Wesen der Erde zuwendet, ist wahrzunehmen, wie sie von einem besonderen Licht aufgenommen und umhüllt wird. Dieses Licht ist von einer Art und Qualität, die mit dem irdischen kaum zu vergleichen ist. Die Seele wird von ihm durchdrungen und ergriffen; ein hohes, reines Leben ist in ihm, das die Seele veredelt und heilt. Sie fühlt, wie tiefe Gesundheit diesem Licht entströmt.

Das aufstrebende Licht der Erde öffnet dem Menschen neue Dimensionen des Daseins. Er erfährt und begreift die Welt und sich selbst auf eine neue Weise. Das Wesen der Erde wird ihm zu einer bedeutenden Quelle seiner eigenen Existenz. Er erkennt, dass es ein geheimes Wissen der Erde gibt; sie hat Erinnerungen an alles, was je auf ihr und mit ihr geschehen ist. Die Schicksalswege der Menschen liegen in ihr, sie sind ihr eingeprägt. Aber auch die Urbilder der Wesen der Tiere, der Pflanzen, der Räume und Zeiten sind in sie eingeschrieben. In das Licht der Erde eintauchen bedeutet immer auch, in Büchern zu lesen, die in der Bibliothek der inneren Erde aufbewahrt sind.

DAS GOLDENE LAND

Die Tore zu den Quellen des heiligen Lichts der Erde sind in der Seele. Sie befinden sich dort, wo der Mensch seines heiligen Wesens gewahr wird. Das Licht der Erde bildet mit dem göttlichen Wesen der menschlichen Seele eine wundersame, ja wunderträchtige Einheit. Die Erfahrung dieses Einsseins ist die Erfüllung einer großen Sehnsucht. Denn das Ich findet sich im Wesen der Erde und das Wesen der Erde findet sich im menschlichen Ich. Der Wunsch, mit der Erde, mit dem Grund der menschlichen Existenz versöhnt zu sein, ruft ein hörbares Echo hervor.

Auf diese Weise vollzieht sich die Erkundung der inneren Erde. Sie ist die Entdeckung eines besonderen geistigen Landes. Man kann es das goldene Land nennen. Dieses ist von einer Art, an die man sich erst langsam gewöhnt, denn man glaubt kaum, was man schaut. Man wird lange damit zubringen, es zu erforschen; das macht aber nichts, denn es liegt in der Natur dieses Landes und der menschlichen Seele, dass die Annäherung sich nur Schritt für Schritt vollzieht. Denn jedes Weiterschreiten und Erkunden in diesem Land ist an die Wandlung und Veredelung der Seele gebunden.

Von Anfang an kann man damit beginnen, seine Fragen diesem Land vorzulegen. Das können persönliche Fragen sein, aber auch allgemeine, etwa Fragen nach den Geheimnissen der Tiere und Pflanzen. In diesem Land befinden sich viele Antworten.

Seelenwege beschreitet der Mensch, wenn er beginnt, sich dem verborgenen Land der inneren Erde zu nähern; es sind Wege der Gesundung, der Veredelung, durch die der Mensch auf die wahren Quellen seines Wesens aufmerksam wird.

7 Wege zum anderen Wesen

DER HUND

Einmal beobachtete ich einen Hund. Ausgestreckt lag er im Schatten einer Hauswand auf rohem Schotter. Er schlief. Es war mitten am Tag. Ich sah, wie seine Seite sich im Rhythmus seines Atems hob und senkte. Er lag einfach da und schlief ganz dem Moment und dem Ort vertrauend. Was die Menschen um ihn machten, kümmerte ihn nicht. Er kannte ihre Sorgen nicht, aber wusste auch nichts von ihren Bedürfnissen und Motiven, ihren Ängsten, und auch nichts über das Leid, das sie sich und der Erde antun. Doch dann bemerkte ich, dass das nicht stimmte. Ich irrte, wenn ich meinte, er sei nicht Teil der Sorgen und Bedürfnisse und Gedanken und Taten der Menschen. Er ist es sehr wohl. Die Menschenwelt ist immer auch seine. Er steht ihr nicht neutral gegenüber, sondern nur anders als wir. Er ist wie wir vollständig Teil der Erde und ihrer Entwicklung. – Ich hatte ihn falsch eingeschätzt. Denn ich war davon ausgegangen, sein Wesen sei auf das beschränkt, was ich sah, nämlich auf seine Körperlichkeit. Damit war ich einem Vorurteil erlegen, das sich aber zum Glück korrigiert hat, weil ich mich dem Eindruck, den der Hund auf mich machte, ganz hingegeben habe.

WESENSBEGEGNUNGEN

Begegnungen finden in einem besonderen Feld statt. Dieses Feld zu erforschen lohnt sich. Es ist ein Feld der Erneuerung. Denn in jeder Begegnung liegt die Möglichkeit der Geburt eines vollständig Neuen. Ob wir einem Menschen, einem Tier, einer

Pflanze, einer Landschaft, einem Ereignis, einem Gedicht, einer Farbe, einer Zahl begegnen, ist einerlei, denn in jeder Begegnung liegt unbedingt ein Keim. Dafür, ihn zu entdecken, ist allerdings eine besondere Aufmerksamkeit gefragt. Es widerstrebt uns, diese Aufmerksamkeit zu praktizieren, weil wir den Äußerlichkeiten des anderen Wesens anhaften und leichtfertig und unreflektiert unseren gewohnten Gedankengängen folgen. Das verhindert, wahrhaft für das aufmerksam zu sein, was das andere Wesen ist. Darüber beachten wir nur unzureichend die Zwischenräume zwischen uns und dem anderen Wesen. Es ist das Hinschauen auf das Dazwischen, das den Keim offenbart, der in jeder Begegnung ist. Dieses Hinschauen bedarf einer besonderen Aufmerksamkeit. Es ist ein Blick, der nicht an Äußerlichem haftet, der das Unsichtbare, Unaussprechliche gelten lässt, also den lebendigen Keim jeder Begegnung.

Geistige Erlebnisse sind Wesensbegegnungen; ohne diese ist Erkenntnis gar nicht möglich. Jedes Wesen, jede Pflanze, jedes Tier, jeder andere Mensch vereinigt sich schon im Moment der Wahrnehmung ohne Verlust seiner Eigenheit mit der Seele des beobachteten Menschen. Wahrnehmung bedeutet die vollständige Vereinigung zwischen der Seele und dem anderen Wesen; nur findet sie in der Regel jenseits des Bewusstseins statt. Auf dieser natürlichen Veranlagung der Seele beruht die übersinnliche Wahrnehmung. Denn übersinnliche Erfahrungen sind nichts anderes als Wahrnehmungen von Prozessen, die sich unbewusst jeden Moment in der Seele ereignen.

EGO UND ERKENNTNIS

Die Gabe, die Welt zu erkennen, verleiht dem Menschen seine Urteilsfähigkeit. Das versetzt ihn in die Lage, seine besondere Stellung in der Welt einzunehmen, macht ihn aber auch verführbar. Denn in jedem Urteil, das er fällt, liegt die Gefahr, sich über ein anderes Wesen zu erheben. Beurteilen bedeutet, sein eigenes Maß anzulegen. Das muss aber mit dem des anderen Wesens nichts zu tun haben. Der Urteilende bewertet aus seiner Sicht der Dinge. Dadurch das andere Wesen zu erniedrigen, ist kein großer Schritt. Es wird leicht zu einem Ding, an dem er seine Macht erfährt. Urteilen vermittelt das Erleben von eigener Stärke.

Sobald Erkennen dem bedürftigen Ego unterstellt ist, kann es verletzen. Unbewusste Wünsche, Zwänge, Vorstellungen, Bedürfnisse und Ängste sind oft derart ans Ego gebunden, dass der Erkenntnisakt in der Wesenswelt großen Schaden anrichtet. Pflanzen, Tiere, Landschaften, Naturgeister, Menschen, auch Engel können sich gegen die Macht, die vom Ego des Menschen stammt, oft nur unzureichend wehren. Es sind allesamt sensible Wesen, viel sensibler als man wahrhaben möchte.

Lustbefriedigung und Machtausübung gehören nicht zum Wesen der Erkenntnis; beide sind dem Erkennen vollständig fremd. Die Urgeste der Erkenntnis ist Hingabe, die Vereinigung mit dem anderen Wesen. Erkenntnis ist auf tiefem Schweigen gegründet. Die eigenen Fragen und die erhofften Antworten dürfen nicht im Vordergrund stehen; sie nehmen dem anderen Wesen seinen ureigenen Raum. Die Suche gilt dem Anderen, dem Fremden, dem Andersartigen. Man sucht nach jenen Qualitäten, die nicht mit denen übereinstimmen, die man schon kennt.

Das andere Wesen hat unbedingt das Recht, seine Geheimnisse für sich zu behalten. Ein erster Schritt ist deshalb, den Wunsch nach bestimmten Resultaten und Ergebnissen auszulöschen. Im bewussten Nicht-wissen-Wollen liegt das Geheimnis einer Erkenntnis, die sich von der missbräuchlichen Anwendung seiner Kraft freihalten möchte und bereit ist, vollständig Neues und Überraschendes zu erleben.

Erfahrungen von der verletzenden Kraft des Egos führen von selbst zu dem Verzicht, von dem hier die Rede ist. Begreift man, wie scharf, wie schneidend und auch vernichtend das egogeführte menschliche Bewusstsein in der Wesenswelt wirkt, wird man von selbst behutsamer und zurückhaltender werden.

Die Macht des Menschen entwickelt ihre verletzende Wirkung dort, wo das Verlangen nach den Wünschen und Bedürfnissen des Egos überwiegt. Erkennen hat aber mit Eigenliebe wenig zu tun; das ungetrübte Wesen der Erkenntnis tritt vielmehr dort in Erscheinung, wo der Wunsch lebt, dem wahren Bild des anderen, fremden Wesens zu begegnen und zu dienen.

Erkenntnis fühlt sich dem Bild des anderen Wesens verpflichtet. Die Seele taucht in dieses Bild unter, sie versinkt, verschwindet in ihm. Dieses Bild ist die wahre, geistige Wirklichkeit des anderen Wesens, sein Wesenswesen. In der Geste des Einswerdens wird das Ego ohnmächtig, es verliert seine Macht. Damit ist die Gefahr gebannt, dass es andere missbraucht. Dafür macht es Erfahrungen, die es aus sich heraus nie hätte machen können. Es reift, indem es im anderen Wesen ohnmächtig wird. Die Früchte für das Ego, das sich durch die Hingabe an ein anderes Wesen, einen Baum, einen Fluss, eine fremde Biografie, eine Blüte, ein Insekt, einen Mythos oder ein Symbol aufschließt und weitet, sind von einer Art, die tief in der Seele wirken. Sie sind vorerst unscheinbar, aber mit der Zeit zeigen sie eine Kraft, die die Individualität tief berührt und kräftigt.

WESENSVEREINIGUNG

Wahre Erkenntnis ist spontan, sie lässt sich nicht zwingen, höchstens erwarten und wünschen. Das andere Wesen muss seine Fremdheit, sein Rätsel unbedingt wahren können. Es hat eigene Bedürfnisse und Wünsche, besonders an den Menschen, der sich ihm zuwendet. Verzicht und Zurückhaltung sind deshalb wesentliche Gesten der Erkenntnis. Durch sie bleibt die Würde des anderen Wesens gewahrt. Es soll gar nicht darauf ankommen, dass die eigenen Fragen beantwortet werden. Unsere Fragen sind vielmehr Keime, Anfänge, Spuren, die man legt, die aber nie das Zwiegespräch mit dem anderen Wesen in eine bestimmte Richtung zwingen dürfen. Ansonsten verspielt man kostbare Gelegenheiten; im schlimmsten Fall macht man sich an dem anderen Wesen schuldig, weil man es benutzt und nicht bedenkt, dass es einen ja belehren und führen möchte.

Den Fragen zu lauschen, die die Wesenswelt an uns richtet, ist in vieler Hinsicht nötiger und heilender, als unsere beantwortet zu wissen. Sich von dem anderen Wesen führen und unterrichten lassen zu wollen, ist eine Seelengeste, durch die man ihm eine Macht gibt, auf die zu verzichten recht ungeschickt und kurzsichtig wäre – denn wie kann man wissen, ob die Fragen, die man hat, eigentlich die wesentlichen sind! Sie entspringen einem selbst, aber sind nicht unbedingt *mit* und *an* dem anderen Wesen entwickelt.

Wer Erfahrungen mit Wesen der elementaren Welt hat, wird wissen, dass unsere Fragen oft ihr Mitleid erregen, weil sie an ihnen unsere seelische Beengtheit erleben. Da ist es schlauer, sie nach den Fragen zu fragen, die sie beantworten möchten. Dieses Vorgehen lässt sich auf alle Wesensbegegnungen übertragen. Pflanzenwesen, Tieren oder Menschen gegenüber die richtigen Fragen zu finden, ist keine leichte Kunst; am besten überlässt man es ihnen selbst.

Erkennen ist ein Weg der Vereinigung mit dem heiligen Inneren des anderen Wesens. Das trifft auf alle Wesen zu, auch auf Engel oder andere geistige Wesenheiten. Man wird im Voraus nie wissen, auf welche Weise diese Vereinigung sich vollziehen wird, auch nicht, wann und unter welchen Umständen. Der Wunsch, die Führung behalten zu wollen, ist ein großes Hindernis. Denn geistige Wesen haben ihre eigenen Gesetze, Regeln und Rhythmen; wenn derjenige, der sich ihnen nähern möchte, gewillt ist, sie gelten zu lassen, ist das eine Einladung an die Wesenswelt, die nicht ungehört bleiben wird.

Das soll aber nicht heißen, dass man sich dem Willen der Wesenswelt unterordnen soll. Es ist notwendig, das letzte Wort zu behalten, also immer wieder neu aus Freiheit zu entscheiden, ansonsten verliert man seine Autonomie. Selbst der geistigen Welt gegenüber ist es unbedingt notwendig, sie zu behalten.

II. INDIVIDUALITÄT

1 Die Wunde

FERNE GÖTTER

Das Gefühl hat doch die Oberhand, dass wir mit uns noch nicht versöhnt sind. Wir kennen unser Ganzes zu wenig. Was den Namen Ich trägt und was wir damit meinen, ist noch nicht das Ganze, das wir sind. Wir entbehren – wobei nicht klar ist, was. Wir ahnen nur, dass wir uns viel sicherer sein könnten, was unser vollständiges Wesen betrifft.

Es fällt alles andere als leicht, Vorstellungen zu finden, die unserem ursprünglichen oder ganzen Dasein gerecht werden. Jene Götterkinder, die wir waren, als wir noch mit den hohen und höchsten Wesen wie mit Gleichen verkehrten, sind uns fremd geworden.

Wenn der Blick das Licht nicht mehr als das, was es ist, erfassen mag, treten die Schatten umso mächtiger auf. Das Dunkle bekommt Macht. Dadurch verschiebt und verrückt sich das Bild, das der Mensch von sich hat.

Wenn das Dunkle an Macht gewinnt, tun sich Abgründe auf. Wenn der Mensch den Abgründen zu großes Gewicht beimisst, verliert er zusehends die Gabe, das in sich aufzurufen, was die Abgründe mit dem Licht versöhnen möchte. Sicherlich gehört es zu den Aufgaben der Gegenwart, auf alle Farben, auf die schattigsten und die lichtesten und diejenigen, die dazwischen liegen, die Aufmerksamkeit zu richten, also auf alle Dimensionen des menschlichen Wesens zu schauen, auf die irdischen wie die kosmischen, denn nur so lässt sich das Wesen des Ich in seiner Ganzheit begreifen.

Allen Tönen aufmerksam zu lauschen, die im Wort Ich erklingen, für alle Farben aufmerksam zu werden, die in diesem Wesen wirksam sind, ist ein bedeutender Meditationsinhalt. Wir möchten ihm nachgehen. Es geht um die Wahrheit des Menschen, um das Bild, das wir uns von uns selbst machen. Die Absicht ist Selbsterkundung; nur so lässt sich ermessen, mit wem man es zu tun hat, wenn man Ich sagt. Denn nur mit dem, was man kennt, kann man eins werden.

DIE URWUNDE

Wir sind durch die Leben, die wir schon auf der Erde geführt haben, gezeichnet. Wir sind Kinder der Erde; das Dasein auf ihr hat uns Wunden beigebracht. Dass diese Wunden wichtige Lehren beinhalten sollen, ruft unseren Widerstand hervor; aber wir können es drehen und wenden wie wir wollen – wir wissen, dass es uns nicht freisteht, diese Lehren zurückzuweisen.

Wir tragen die Wunden wie Makel an uns, wie dunkle Flecken und Schatten. Sie erscheinen uns wie Flüche. Und doch ist das Wundsein eine Gabe der Götter; sie haben uns wund gemacht. Von ihnen stammt, dass wir Schmerzen empfinden können. Sie haben uns damit geschlagen. Wir verdanken ihnen die Möglichkeit peinvoller, schamhafter und furchtsamer Empfindungen und Erfahrungen – sie zeichnen uns aber auch damit aus. Denn Wundsein ist nicht nur ein Mangel, es ist ein Merkmal des Menschen. Die Erfahrungen des Schmerzes, der Ohnmacht, der Angst, der Demütigung, der Erniedrigung, der Unterdrückung und der Schwäche sind Zeichen unserer menschlichen Existenz. Ohne sie wären wir nicht, was wir sind.

Vielleicht neiden uns die Götter sogar das Wundsein. Denn die Wunden sind neben dem, dass sie schmerzen, besondere Organe; durch sie machen wir Erfahrungen, die wir anders nicht machen könnten. Jeder Wunde sind besondere Kräfte eigen, die sich mit uns vereinen möchten; in jeder ist ein Licht, das wir noch nicht sehen, doch für das wir nur durch die Wunde sehend werden.

Die Urwunde des Menschen ist ein bedeutender Meditationsinhalt. Bevor wir wund waren, waren wir ohne jedes Getrenntsein und eins mit der göttlichen Welt. Von diesem Zustand ist in der Seele immer noch ein Nachklang, zumal sich im Schlaf und nach dem Tod dieser Zustand wiederholt und der Nachklang erneuert. Doch wir wurden der Huld und der Geborgenheit dieser hohen Welt entrissen. Es ist nicht leicht, zu sagen, warum, aber wir verloren das friedvolle Einssein. Der Schmerz, nicht mehr mit dem Urseienden vereint, also ausgestoßen zu sein, seiner Heimat und seines ursprünglichen Seins beraubt zu sein, ist nicht verklungen. Geht man daran, diesen ersten Schmerz zu erfühlen, bemerkt man erst, was man alles tut, um ihn vergessen zu machen und zu übertönen. Unsere Seele fühlt das Verlassensein und die Fremde, in der sie jeden Tag erwacht. Doch sie fühlt sie nicht gerne und zum Glück nicht immer.

Indem man sich der Urwunde zuwendet, wird man eines besonderen Lichts gewahr; um sie ist eine leuchtende Aura. Sie schmerzt, aber sie ist nicht nur dunkel. Sich ihr anzuvertrauen ist ein besonderes Ereignis. Denn wie die Urwunde nicht auf die Schuld der Menschen zurückgeht, so ihre Leuchtkraft nicht auf die Überwindung der Schuld. Ihr Licht ist Trost und Heilung; in ihm lebt eine Urkraft, an der man sich aufrichten kann. In besonderen Momenten lässt sich dieses Licht schauen. Es ist ein Klang, ein Wort des hohen und höchsten Lebens.

DAS EINSSEIN DER TIERE

Bewundernswert ist das unbedingt friedvolle Einssein der Tiere mit der Welt. Von ihrer Reinheit und dem Ungetrübten und

Unmittelbaren ihres Wesens berührt zu werden, erschüttert. Sie kennen den Schmerz, die Entbehrung, die Not; sie stehen nicht jenseits der Wunden, aber sie tragen sie anders als wir. Sie kennen den Zweifel nicht, sind sich, wenn sie nicht gestört werden, in jedem Moment treu, auch ihren Aufgaben, ihrem Dasein. Sie sind im Jetzt, wie wir nur in seltenen Momenten.

Von der Urwunde des Menschen wissen sie nicht. In jeder ihrer Bewegungen, in jeder Geste, jedem Laut ist eine Sicherheit, ein Gerichtetsein, das uns fremd scheint, weil wir es verloren haben. Der schleichende Gang einer Katze, der schwerelos dahinziehende Schwan, zielgerade ausfliegende Bienen, der Gesang eines Vogels in der morgendlichen Dämmerung beschämen durch die stille und reine Existenz, die darin zum Ausdruck kommt. Ihr Verhalten, die Art ihres Daseins, ihr offenbares Wesen zeigen keine Spur von dem, an dem wir als Menschen leiden. Sie sind ganz noch in jener Weisheit, aus der wir herausgefallen sind. In ihnen Götter zu sehen, wie es in früheren Kulturen üblich war, ist nicht verwunderlich. Man kann in ihnen ohne weiteres Boten jener Welt sehen, der wir uns entfremdet haben. Welche Wärme ist nur in dem Blick eines Hundes, welche Wildheit spricht aus den Bewegungen eines Pferdes, welche Weisheit lebt im Dasein eines Bienenvolkes, welche Schönheit in den kunstreich geschwungenen Hörnern eines Schafbocks!

Die Empfindungen, aber auch die Gedanken, die der Beobachtende empfängt, sobald er ein Tier, welches auch immer, beobachtet, führen ihn in eine Welt, in die einzudringen seinem Selbstbewusstsein scheinbar verwehrt ist. Er wird Zeuge eines Daseins, das seinem fremd ist, weil er es verloren hat. Sein Dasein ist gegenüber dem der Tiere voller Täuschungen, Fehler, Zweifel, Annahmen und Ahnungen. Zu der Wahrheit, in der die Tiere leben, hat sein Bewusstsein nur beschränkt Zugang. Natürlich leistet sein Geist Ungeheures, aber das ist hier nicht gemeint; die Tiere träumen, was der Mensch sich mühsam erringt, erdenkt und erschafft. Ihr Anderssein ist wie die Erfüllung einer uralten Sehnsucht.

IM BLICK DER TIERE

Aber den Tieren haben wir auch etwas voraus; sie beneiden uns um dasjenige, was wir unsere Individualität nennen. Natürlich ist der Neid der Tiere keine kleinliche oder niedere Regung; er weist auf die Aufgabe, die wir mit ihnen gemeinsam haben. Der Blick, den sie auf uns richten, ist voller Ehrfurcht und Staunen. Ihre Verehrung uns gegenüber gilt unseren Fähigkeiten und Gaben, mit denen wir die Erde verwandeln können. Daneben ist in ihrem Blick aber auch eine Bangigkeit: ob wir wohl fähig sind, unsere Gaben zu gebrauchen, ohne Schaden anzurichten.

Die Freiheit ist eine Gabe des Menschen an die Welt. Sie ist immer vollständige Aktivität, Umsicht und Gegenwart. Sie verkehrt sich nur allzu leicht in grausame Schatten, die jeder zur Genüge kennt. Einer der Schatten der Freiheit ist die Gier nach Macht. Die Tiere schauen auf die Früchte, die der Mensch der Freiheit abgewinnt. Sie erleben sie durch die Behandlung, die sie vom Menschen erfahren, am eigenen Leib. Es ist nicht übertrieben, wenn man die Tiere, die über die gesamte Erde verteilt leben, als ein Organ begreift, das wahrnimmt, in welcher Weise der Mensch mit seiner Gabe zur Freiheit umgeht.

Tieren begegnen ist deshalb immer auch ein Moment, in dem Scham mitschwingt. Wir fühlen, wie sie uns beobachten. Die höhere Instanz, die sich in ihnen sammelt und durch sie spricht, ist ein Maß dafür, wie wir der Verantwortung, die uns gegeben ist, gerecht werden.

2 Individualität und Person

DIE EMPFINDUNG UND DIE INDIVIDUALITÄT

Das Geheimnis unserer Individualität ist vielleicht das größte. Wir erleben, dass die Erfahrungen, die wir mit unserer Individualität während des irdischen Lebens machen, kein Licht auf sein ganzes Wesen wirft; da sind noch andere Dimensionen unseres Selbst, die sich aber erst erschließen, wenn sich die Wahrnehmung über das Irdische hinaus erweitert. Unser Wesen hat Seiten, denen wir erst gerecht werden, wenn wir weit gefächert nach Zeugnissen suchen.

Gerade die Individualität besitzt große Meisterschaft im Verschleiern jenes wahren Wesens. Wir verfügen aber über Mittel, hinter die Schleier zu dringen. Eines dieser Mittel ist die Erkenntniskraft, die der Empfindung eigen ist. Die Empfindung ist eine sehr weisheitsvolle Seelenkraft. Wir können durch sie wie auf Flügeln unsere Individualität erforschen – wenn wir nur lernen, ihr zu vertrauen. Die Empfindung ist im Grunde lauter, denn sie hat nur wenig Eigenes. In der Meditation ist es möglich, ihrem Wesen zu begegnen. Neigt man sich ihr in der Meditation zu, wird man erfahren, wie die Seele von ihrem Wesen wie von einem zarten kristallinen Licht durchrieselt wird. Erstaunlich ist die Erfahrung, dass die Seele mit einer bedeutenden Erkenntniskraft versehen wird. Tatsächlich berührt das Wesen der Empfindung auf außergewöhnliche Weise. Die Empfindung vermittelt ein zartes Licht, eine zarte Kraft, durch die es der Seele gelingt, die Schleier, hinter denen sich die Wesenswelt vor uns verbirgt, zu heben. Es ist lohnend, sich meditativ mit dem Wesen der Empfindung bekannt und vertraut zu machen.

Indem man die Erkenntniskraft der Empfindung auf die

eigene Individualität lenkt, wird man überraschende Erfahrungen machen. Es tritt ein Wesen hervor, das überraschend vielschichtig und vieldimensional ist. Das heißt aber: Die Individualität liegt hinter vielen Schleiern verborgen. Man wird nicht leicht Herr über sie. Die Sphäre des eigenen Bewusstseins überragt es bei Weitem. Es gehört zu seinem Wesen, dass es sich nur langsam offenbart, nur geduldigem und ausdauerndem Forschen. Bilder treten erst mit der Zeit aus den Schleiern hervor.

Der Vollständigkeit halber soll gesagt werden, dass zur Erkenntniskraft der Empfindung andere hinzutreten. Das Gefühl, der Verstand, die Intuition sind ebensolche menschlichen Erkenntniskräfte. Das Gefühl, der Verstand und die Intuition sind Wesenheiten, die wie auch die Empfindung der tieferen Erkenntnis dienen. Indem man mit ihnen fortschreitend die Schleier der Individualität ertastet, offenbaren sich Wesenstiefen, die nur von der Kraft der Empfindung nicht erreicht werden können. Sich ihrer Erkenntniskräfte zu versichern verhilft dazu, das reich gegliederte und erhabene Wesen der eigenen Individualität in seinen verschiedenen Dimensionen genauer schauen, erleben und beschreiben zu können.

DAS WESEN DER PERSON

Neben der Individualität erscheint eine andere Wesenheit, der der Name Person gegeben werden soll. Damit ist der Mensch gemeint, der uns unmittelbar in jedem anderen Menschen, der uns begegnet, gegenübertritt; wir schauen ihn an, reden mit ihm, lernen ihn kennen. Er trägt einen Namen und hat ein bestimmtes Schicksal. Die Person ist der sichtbare, der im Erdenzusammenhang körperlich in Erscheinung tretende, agierende und auch leidende Mensch. Die Person ist das Gefäß, das das göttliche Wesen des Menschen, seine Individualität, aufgenommen hat. Aber sie ist nicht nur Gefäß, sie ist auch das Instrument, durch das sich die Individualität in der irdischen Welt offenbart. In der Person leuchtet das Ich und tritt in die Sichtbarkeit ein.

An den Äußerungen der Person, ihren Gesten, ihrer Stimme, dem Blick und ihrem Atmosphärischen tritt das Wesen des Menschen hervor. Die Personen der unterschiedlichen Menschen leuchten auf jeweils ganz eigene Weise; für die Qualitäten dieses Leuchtens kann man sich sensibilisieren. Man kann sich überraschen lassen davon, wie verschieden und individuell diese Qualitäten sind.

DER SPIEGEL

Im Spiegel schauen wir die Person, die wir selber sind. Das Gesicht, das uns entgegenblickt, ist unser Gesicht, das Gesicht der Person, die wir sind. Schaut man es lange an, geht eine merkwürdige Verwandlung mit ihm vor sich: Es wird fremder und fremder und macht schließlich den Eindruck einer Maske. Man fragt sich: Bin ich mit diesem Gesicht identisch oder bin ich mit ihm nicht identisch? Diese merkwürdige Erfahrung zeigt, dass die Person ein Zwitterwesen ist. Sie steht an einer Schwelle, ist gleichermaßen Maske und Offenbarung unserer Individualität, sie verbirgt diese und wird von ihr erleuchtet.

Wir treten immer auch mit unseren Gaben und Mängeln, unserem Charakter, unseren Neigungen und unserem Schicksal vor uns hin. Wir können der Person, die wir sind, nicht entfliehen; sie determiniert uns, wir identifizieren uns mit ihr, aber wir sind ihr nicht restlos ausgeliefert, denn wir haben Möglichkeiten, über sie zu verfügen und sie zu wandeln. Sie ist Hülle und Ausdruck meines Wesens; ganz identisch ist sie indes nicht mit mir. Aber ich habe nur sie, um auf der Erde zu existieren und tätig zu werden.

Die Person ist Bild unserer Individualität, ein lebensvolles Bild und Wesen, sie beheimatet uns in der irdischen Welt, umhüllt uns und gibt uns reiche und vielfältige Möglichkeiten des Ausdrucks. Die Person ist jenes Wesen, mit dem wir die irdische Welt berühren, erfahren, durchdringen und verwandeln. Wir erleben die Erde als Person, aber wir erleben auch uns an ihr, nämlich als ein individuelles Wesen. An ihr geht uns das Licht unserer Individualität auf.

SCHICKSAL UND PERSON

Unser Schicksal wird an der Person sichtbar; es erscheint an ihr als die Biografie. Wir sind unserem Schicksal aber nicht willenlos ergeben, sondern befinden uns mit ihm in einem beständigen und intensiven Spielen oder Ringen. Das Schicksal und die Person bilden Hüllen für das Wesen der menschlichen Individualität. Mittels der Person vereinigt sich die Individualität mit ihrem Schicksal, von dem sie sich prägen lässt, das sie aber auch fortlaufend verwandelt.

Das Wesen der Person ist durch die Ereignisse von Geburt und Tod begrenzt. Mit jeder Inkarnation nimmt der Mensch eine neue Person an. Dass sie mit dem Tod vergeht, heißt jedoch nicht, dass sie nunmehr bedeutungslos wäre; sie hört nicht auf zu existieren, sondern wird nun zu einem Aspekt der menschlichen Individualität. Die zahlreichen Personen der aufeinander folgenden Leben vereinen sich mit der göttlichen Natur des Menschen und werden seinem ewigen Wesen eingeschrieben. Insofern geht kein Lebensaugenblick verloren, denn alle sind unbedingt Teil der wachsenden und sich entwickelnden menschlichen Individualität.

Die Individualität des Menschen lässt sich durch das Wesen der einzelnen Person nur begrenzt erfahren. Erst die Möglichkeit, sich ein Bild der zahlreichen Personen zu verschaffen, als die ein Mensch auf der Erde gelebt hat, erlaubt seiner Individualität gegenüber einen klareren Blick. Insofern ist Vorsicht und Zurückhaltung am Platz, wenn man über die einzelne Person zu einem Urteil über die Individualität gelangen möchte.

Der Mensch ist ein Wesen, das sein Schicksal annehmen und verwandeln kann. Ihm ist eine Macht eigen, mit der er demjenigen, was in seinem Schicksal und seiner Person wirkt, gegenübertreten kann. Diese Macht weist auf das Verhältnis hin, in welchem die Individualität des Menschen zur Person steht.

Einerseits ist der Mensch die Person, andererseits ist er sie nicht, denn er ist dem Schicksal gegenüber, das sich in der Person ausspricht, nicht machtlos. Erfahrungen des Wesensaspekts, der über die Person und das Schicksal hinausragt, haben deshalb eine so große Bedeutung, weil sie auf unser höheres Wesen weisen. Indem wir uns angewöhnen, solche Erfahrungen zu beachten, verstärkt sich das Bewusstsein für die höhere und kosmische Natur des Menschen. Erfahrungen dieser Art zeigen uns einen Weg, uns mit unserem höheren Wesen zu versöhnen, also mit unserem ganzen Menschen. Sie sind nichts anderes als das Fundament jeglicher Versöhnung.

3 Wohnrechte des Ich

ICH-ERFAHRUNGEN UND BEWUSSTSEIN

Der Mensch ist in vielen Welten zu Hause. Sein Wohnrecht erstreckt sich weit über die irdische Dimension des Daseins. Sein Ich, seine Individualität, sein Selbst sind von einem inneren Leben, einer Beweglichkeit und Fülle, die ihm erlauben, vielen Welten anzugehören. Grenzen sind ihm nicht gesetzt; diejenigen, an die sein Bewusstsein stößt, fallen nicht mit denjenigen seines vollständigen Wesens zusammen. Die Grenzen, die dem Bewusstsein gesetzt sind, für jene zu halten, in denen unser ganzes Wesen sich bewegt, ist ein Irrtum. Unsere Erfahrungen, Begegnungen und Erkenntnisse ziehen sich aus weitaus entfernteren Dimensionen zusammen. Diese umfassen die Zustände von Schlaf und Tod. Unterwirft man sich dem Diktat des bloß irdischen Bewusstseins, folgt man nicht seinem ganzen Wesen. Man glaubt nur dem, was sich zeigt, wenn man am Morgen die Augen aufschlägt, ohne in Rechnung zu stellen, dass man auch mit geschlossenen, schlafenden Augen geschaut hat, nur einfach woandershin.

ICH-TÄTIGKEIT

Unter anderem offenbart sich das Wesen des Ich im Akt der sinnlichen Wahrnehmung. Doch was ist das für ein Geschehen? Bewusst folgen wir der Ich-Tätigkeit gewöhnlich nur bis zu jenem Punkt, an dem der sinnliche Reiz auftritt. Über den Reiz, der durch die Begegnung unserer Sinne mit den Phänomenen der sinnlichen Welt hervorgerufen wird, geht unser Bewusstsein nicht hinaus. Es schläft für dasjenige, was sich jenseits der Reizempfindung ereignet. Deshalb übersehen wir, dass die Tätigkeit des Ich über den empfangenen und erlebten Sinnesreiz hinaus nicht abbricht, sondern weitergeht. Das Ich vereint sich jenseits der bewussten Erfahrung mit dem Objekt der Wahrnehmung, mit seinem Klang, seiner Farbe, seiner Gestalt und Stimmung, im Grunde mit seinem Wesen.

Beobachtet man zum Beispiel einen Fuchs, der am Morgen über eine Waldwiese streift, so schlüpft das Ich so in das Tier hinein, dass es dessen Wesen von innen her erlebt. Es erlebt seine Zielstrebigkeit, seinen geschärften Sinn für Gefahr und seinen unbedingten Willen, für sich und seine Nachkommenschaft zu sorgen. Das Ich lebt tatsächlich im Fuchs, in den Bewegungen der Muskeln, dem Herzschlag, den Sinneswahrnehmungen; es verbindet sich mit dem Fell, dem Atem, der Wachheit, der Anspannung und dem Geruch des Tieres.

Das Ich geht während des Wahrnehmungsaktes besondere Wege, auf denen es tiefe Erfahrungen macht. Es ist nicht so leicht, sich eine wahre Vorstellung von diesen Wegen des Ich zu machen. Das Ich kommt in Berührung mit dem inneren Leben jener Wesenheiten, die wir wahrnehmen und die sich unserem gewöhnlichen Bewusstsein in ihrer sinnlichen Form, Farbe und Gestalt zeigen. Im Akt der Wahrnehmung wird das Ich in das andere Wesen hineingezogen. Das Tier, die Pflanze, der andere Mensch nehmen es in ihr inneres Wesen auf; es gerät in einen Zustand, in dem es sich vollständig mit dem anderen Wesen, mit seiner körperlichen, seiner seelischen und geistigen Gestalt und Verfassung vereint. Im Akt der Wahrnehmung wird das Ich zum Tier, zur Pflanze, zur Landschaft oder zum Menschen. Es bewohnt das andere Wesen, geht in ihm regelrecht herum; beide, das Ich und das andere Wesen, finden zu einer innigen Identität.

WEGE DES ICH

Das Ich hat immer auch eine Existenz in einer Sphäre jenseits der sinnlichen. Sobald die Aufmerksamkeit auf ein entsprechendes Objekt fällt, vereint es sich mit ihm – mit dem rötlichen Blütenöl des Johanniskrauts, mit dem erhebenden Gesang der Amsel, mit dem Scharren eines Hundes, den grazilen Bewegungen einer Katze, auch mit den Menschen, mit ihrer Art, ihrem Wesen und Schicksal. Man kann sogar beobachten, dass wir uns mit der innerlichen Qualität des Blutes des anderen Menschen vereinigen. Unser Wachbewusstsein ist kaum in der Lage, den Wegen, die das Ich nimmt, ganz zu folgen. Für unser Bewusstsein wäre es auch eine recht unangenehme Erfahrung, denn das Ich-Wesen gibt sich ganz hin; es verschwindet in dem anderen Wesen in einer Weise, die unser Bewusstsein noch nicht aushalten kann. Diese Geste des Ich würde eine Schmerzempfindung auslösen, die wir nur schwer ertragen; das Ich wird das andere Wesen, was unser Bewusstsein als eine Art Selbstverlust oder sogar Selbstvernichtung erlebt. Deshalb folgt es dem Ich nicht vollständig nach.

Dass wir die Vorstellung haben, das Ich-Wesen lebe nur in uns, hat damit zu tun, dass wir die Tätigkeit des Ich in der verborgenen Peripherie kaum wahrnehmen, also auch nur schwer denken und vorstellen können. Das verleitet dazu, dem Ich eine Existenz abzusprechen, durch die es sich über die sinnliche erhebt. Damit wird man aber dem Ich-Wesen nicht gerecht.

MEDITATION DER ICH-TÄTIGKEIT

Meditation ist eine Schulung der Aufmerksamkeit für jene seelischen und geistigen Vorgänge, die sich dem Bewusstsein entziehen. Das gilt auch für die Tätigkeit des Ich während der Wahrnehmung. Um den Wegen des Ich zu folgen und sich zu vergegenwärtigen, was mit und durch das Ich geschieht, ist es sinnvoll, sich ein Objekt, eine Pflanze oder ein Tier vorzunehmen und es intensiv mit allen Sinnen zu beobachten. In einem nächsten Schritt erinnert man sich an den Vorgang der Beobachtung, und zwar so, dass man sich dabei aus einer anderen Warte zuschaut. Man macht den Wahrnehmungsakt selbst zu einem Beobachtungsobjekt, aber so, dass man einen im Umkreis liegenden Standpunkt einnimmt. Durch die Aufmerksamkeit und Wachheit, die während der Meditation entsteht, wird sich die verborgene Tätigkeit des Ich während der Wahrnehmung offenbaren können.

Daraufhin kann man versuchen, an die Stelle des wahrgenommenen Objekts zu treten. Man schaut aus der Sicht des anderen Wesens, der Pflanze, des Tieres, auf den Akt der eigenen Wahrnehmung. Diesen Blickwinkel einzunehmen mag ungewöhnlich erscheinen, ist aber äußerst erhellend: Man kommt dadurch in die Lage, nachzufühlen, welche Bedeutung die menschliche Wahrnehmung für ein anderes Wesen haben kann. Man wird empfänglich für die Wirkungen, die vom eigenen Ich auf die uns umgebende Wesenswelt ausgehen.

Ein Tier, eine Pflanze, ein Mensch machen durch das in der Wahrnehmung agierende und wirksame Ich wesentliche Erfahrungen vom wahrnehmenden Menschen. Selbst die in der Landschaft wirkenden unsichtbaren Wesen der elementaren Welt haben solche Erlebnisse. Bereits der nur wahrnehmende Mensch ist für die Wesen, die mit ihm die Erde bewohnen, eine Quelle besonderer Erfahrungen. Dem Ziel, diese kennenzulernen und sich davon Begriffe zu erwerben, dient diese letztere Meditation.

Jede Wahrnehmung ist ein bedeutendes Ereignis. Denn das Eigene und Individuelle des Menschen beruht immer auch auf Fremdem; die Individualität wächst nicht nur durch sich selbst, es bedarf des Anderen, das es in sich aufnimmt, von dem es aber ebenso aufgenommen wird. Die zahlreichen Wesen der Welt bilden an der Individualität des Menschen mit, was allerdings vom Menschen meistenteils gar nicht bemerkt wird, also für ihn unbewusst bleibt. Hingabe ist immer auch Hingabe ans Unbekannte, Unbewusste, Dunkle. Die Individualität reift am Fremden. Das Wachstum und die Entwicklung der Individualität beginnen im Vorbewussten.

Nur insofern der Mensch über sich hinausgeht, macht er Erfahrungen, durch die er das ganze Bild seines Wesens und seiner Individualität kennenlernen kann. Das Andere, Fremde und Dunkle möchte integriert werden, es möchte dazugehören. Denn Integration bedeutet, sich mit dem bisher Unversöhnten zu versöhnen.

In seiner Gabe, von allem und jedem berührt und beschrieben zu werden, spricht sich die besondere Natur des menschlichen Ich aus. Im Ich des Menschen lebt eine auffallende und bemerkenswerte Treue zum Fremden des anderen Wesens. Es ruft das Andere in sich zu einem Leben auf, ohne etwas von sich aus hinzutun zu müssen. Für das Ich bedeutet das eine besondere Erfahrung, denn es findet sich im Anderen. Erst indem die Individualität lebendige Impulse von außerhalb ihrer selbst aufnimmt, kann es zu einem Selbst werden.

Damit stehen wir an einem bedeutenden Punkt. Das menschliche Ich erfährt Vielfalt und Entwicklung durch die Wahrheit und Treue der anderen Wesen und Wesenheiten. Hingabe an und Vereinigung mit anderen Wesen und anderen Welten sind wesentliche Fähigkeiten des menschlichen Ich; durch sie konstituiert es sich. Ohne sie kann sich nichts Eigenes, nichts Individuelles entwickeln. Das individuelle Dasein des Menschen ist daran gebunden, sich mit anderen Wesenswelten zu vereinen. Indem er sich aufgibt, kann er sich erst finden und sich versöhnen.

DER PERSÖNLICHE ENGEL

Meditative Erfahrungen dienen dazu, die Wege kennenzulernen, die das Ich jenseits des gewöhnlichen Bewusstseins nimmt. Sie zeigen die Bande, die das Ich auf innige Weise mit den Wesen des irdischen Daseins vereinen, aber sie zeigen auch, welches Dasein das Ich unter den Wesenheiten und Welten führt, die wir die jenseitigen, die kosmischen nennen. Der persönliche Engel ist eine jener kosmischen Wesenheiten, deren Existenz mit der menschlichen Individualität eng verwoben ist. Dieser Engel gibt seine Existenz für die des Menschen; er opfert sich, erfährt dadurch aber auch wesentliche Impulse für seine eigene Entwicklung. Die Gegenwart seines Wesens reicht unmittelbar an die unsere, deshalb steht sein Wesen dem gewöhnlichen Bewusstsein besonders nahe. Mit ihm Zwiesprache zu halten hat für uns wie für ihn Bedeutung. Seine Existenz findet durch unsere Hinwendung zu ihm Erfüllung, wie unsere sich dadurch bereichert und vervielfältigt. Er schaut uns an und wünscht, dass wir dieses Angeschautsein spüren und erleben.

Unser Engel möchte uns unterrichten. Er möchte, dass wir uns dem zuwenden, was er uns sagen will. Seine Gegenwart ist Hinwendung an unser Schicksal und unsere kosmische Wesenheit. Es ist seine Aufgabe, das Bild unserer kosmischen Wesenheit in uns zu erwecken. Er weiß, welche Bedeutung unsere irdische Existenz, also das Wesen der Erde für uns hat. Er spricht aber auch davon, dass die Bedeutung der Erde kosmische Ausmaße hat. Die Erde ist die Hülle der menschlichen Existenz, die dafür sorgt, dass unsere Impulse sich mit dem kosmischen Dasein vereinen.

Der Engel möchte uns eine lebendige Anschauung des Erdendaseins vermitteln. Dazu ist er willig, uns seine Augen, sein Schauen zu leihen. So kann er uns zeigen, welche Geltung die Erde und die Wesenheiten, die auf ihr existieren, für ihn haben. Seine Augen sind immer auch auf die ganze, auf die lebendige Erde gerichtet. Gelingt es uns, mit seinen Augen zu schauen, erleben wir die Erde als ein lebendiges Wesen. Wir machen dadurch die Erfahrung, dass das Dasein der Erde und jedes ihrer Wesen eine Offenbarung hoher kosmischer Wesen ist.

Der Engel lenkt unsere Aufmerksamkeit aber auch auf unser eigenes Wesen. Er wünscht, dass wir für alle Seiten unseres Wesens erwachen. Er möchte Wege zeigen, die dazu verhelfen. Nur der Mensch, der seine Ganzheit schaut und begreift, kann die Aufgaben, die ihm gestellt sind, erfüllen. Er wird die Gegenwart seiner ganzen Wesenheit brauchen, damit er sich dem stellen kann, was ihm das Schicksal bringt. Aufrichtigkeit, Wahrheitsliebe und Hingabe sind Fähigkeiten des ganzen Menschen; sie sind Fähigkeiten desjenigen Menschen, dem sein kosmisches Erbe beginnt, bewusst zu werden.

4 Das Ego und das Ich

GEDANKENREISEN

Versöhnung ist eine Arbeit an und mit den Schatten, mit Mängeln, Ängsten, Wunden und Schuld. Versöhnung bedeutet, zu Urteilen darüber zu kommen, was die Schatten, Mängel, Ängste, Wunden und die Schuld sind. Aber Versöhnung ist ebenso eine Arbeit mit dem eigenen Licht, an den eigenen Gaben und Fähigkeiten. Denn erst sie spenden die Kraft, dem Mangelhaften und Wunden begegnen zu können.

Einsichten, die wirklich weiterhelfen, sind immer ursprüngliche und individuelle Erfahrungen am Wesenhaften. Intellektuell ist der Wirklichkeit nicht beizukommen; auch Begriffe erhalten ihr Leben erst durch das Ummünzen in Erfahrungen.

Denken wird lebendig, wenn die Gedanken zu unmittelbaren Erfahrungen werden. Jeder Gedanke ist eine Welt für sich. Sie kennenzulernen ist ein Weg in Gebiete, in denen man sich noch nicht auskennt. Jeder Begriff, jedes Wort, jede Idee ist voller unbekannter und geheimnisvoller Kammern. Auf sie wird man erst aufmerksam, wenn man sich auf das Wesen einlässt, das jeder Gedanke, jeder Begriff ist. Erst dann kann man einen Gedanken wie eine Landschaft bereisen. Begriffe haben Farben, Stimmungen, Gesten, auch recht unterschiedliche und widersprüchliche.

Ich, Ego, Person, Individualität sind solche Begriffe, die man bereisen lernen kann. Man kann sich in jedem bewegen wie in einem einzigartigen Raum. In Gedanken herumgehen ist eine erfüllende Tätigkeit und Meditation.

Letztendlich ist jeder Gedanke ein Buch, in dem man lesen kann. Diese Bücher helfen, die trüben Schleier zu vertreiben, die vor uns selbst aufgespannt sind. Was wir schauen, wenn wir Ich oder Ego oder Individualität sagen, füllt sich mit neuem Leben.

DAS EGO

Unser Ego hindert uns, eins mit der Welt zu sein. Es den Tieren nachzutun, können wir uns noch so wünschen; ihnen zu folgen widerspricht unserem Ego. Es ist ihm nicht gegeben, sich wie ein Schmetterling oder eine Eidechse oder ein Vogel dem Dasein auszuliefern. Dem Ego widerstrebt, mit dem Dasein eins zu werden. Aber was wir sind und wie wir sind, sind wir immer auch dank dem Ego. Es ist eine Weltmacht, denn durch das Ego werden wir eigen, grenzen uns ab, schließen wir uns in uns ein. Ohne es wären wir nicht Mensch.

Das Ego ist ein Aspekt des Ich, nämlich sein irdischster. Es ist der Erdenwelt, allem Sinnlichen, den Bedürfnissen und Trieben zugewandt und treu. Es lebt im Ich, aber folgt und unterwirft sich ihm nur widerwillig. Das Ich begegnet der Welt freier, ungebundener als das Ego. Das Ego vereint sich mit der Oberfläche der Dinge und Ereignisse, während das Ich Einlass in die verborgene Natur der Gegenstände und Wesen findet. Das Ich zeichnet etwas aus, das dem Ego fremd ist, nämlich Selbstlosigkeit. Dem Ego verdanken wir das Gegenteil: nämlich das Ich als das Zentrum unseres Wesens zu erleben.

Doch die Wirkung, die vom Ego ausgeht, darf nicht mit purem Egoismus verwechselt werden. Eine Handlung, die dem Ego entstammt, ist nicht sogleich egoistisch. Durch das Ego erfährt sich das Ich als ein Wesen, dessen Heimat die irdische und sinnliche Welt ist. Das Ego agiert als Geburtshelfer in den irdischen Lebensbedingungen. Natürlich ist egoistisches Handeln ohne das Ego undenkbar, aber man verfehlt sein Wesen, wenn man die reine und klare Kraft, die in ihm liegt, übersieht. Die Neigung, uns mit der Erde zu verbinden, verdanken wir unbedingt ihm.

Im Ego wirkt eine bedeutende Kraft. Durch sie entwickelt der Mensch Ausdauer und Geduld; er lässt sich nicht von dem abbringen, was er einmal beschlossen hat. Verlässlichkeit, Treue, Beharrungsvermögen, der Glaube an sich selbst sind Tugenden des Ego. Dem Ego vertrauen bedeutet, der Zeit, der Dauer und der Entwicklung zu vertrauen. Das Ego hat eine überaus reine, kraftvolle Seite; diese darf nicht mit dem Bedürfnis verwechselt werden, das sich in egoistischen Handlungen äußert. Unerschrockenheit, Durchsetzungswillen, der Glaube an die einmal gesetzten Ziele und sich selbst sind seine Gaben.

Das Ego ist ein notwendiges Wesen; es vereint uns mit den Erdenverhältnissen. Durch das Ego schließt sich dem Ich die sinnliche Welt auf. In ihm lebt das wunderbare Ja, sich mit dem Dasein der Erde zu vereinigen. Ohne das Ego würden wir nicht für uns oder für andere eintreten können, wir wären zu keinem Widerstand in der Lage. Das Wesen des Ego begründet und befeuert den Willen. Dasjenige, was wir als die irdische Person sind, ist an die Kraft gebunden, die das Ego entwickelt.

DAS ICH

Das Ego entwickelt eine Kraft, die der Person während ihres Erdenlebens dient. Damit dient es der Individualität des Menschen zur Verwirklichung seines Schicksals auf der Erde. Das Ich greift weiter. Seine Aufmerksamkeit gilt allen Lebensformen, nicht nur der Verwirklichung der eigenen. Im Ich lebt die Erdenwelt in einer Weise, durch die die Wesen, die mit dem Menschen die Erde bewohnen, in der Sphäre des Menschen erwachen. Das Ich erwacht für die Welt, die Welt erwacht aber auch im Ich. In ihm ist immer diese doppelte Geste: Es atmet und in ihm atmet die Welt.

Das Ich ist ein besonderes Organ; in ihm findet ein Zusammenfließen, ein Sich-Vereinen derjenigen Wesen statt, denen der Mensch seine Aufmerksamkeit schenkt. Es ist das Organ der Begegnung schlechthin. In diesem Sinn ist das Ich in jedem Moment seiner Existenz ein erschaffendes Wesen. In der Person offenbart sich das Ich. Durch das Ich erwacht sie für die Welt, in der sie existiert.

Nimmt der Mensch eine Pflanze wahr, ist es das Ich, dem er diese Wahrnehmung verdankt. In der Folge wird die Pflanze vom Ich in einer Weise durchdrungen und ergriffen, wodurch sie dem individuellen Wesen des Menschen begegnet. Der Mensch schreibt sich durch die Tätigkeit des Ich aber auch dem Wesen der Pflanze ein. Der Mensch hinterlässt durch seine Ich-Tätigkeit eine Spur, eine Schrift in der Wesenswelt, die sich in der Regel seiner bewussten Erfahrung entzieht.

Das Ich ist mit der Wesenswelt selbstverständlich vereint. Die sinnliche Oberfläche, von der das Bewusstsein zurückgeworfen wird, ist für das Ich keine Grenze; selbstverständlich und mit großer Leichtigkeit vereint es sich mit den übersinnlichen Welten. Diese unbewusste Tätigkeit des Ich ist lebensnotwendig. Ohne sie könnten wir nicht im Irdischen bestehen. Wir befänden uns in einem Zustand der Entzweiung und Trennung von der sinnlichen Wirklichkeit, die sehr schmerzhaft und nicht auszuhalten wäre. Erst die unbewusste Tätigkeit des Ich in der Wesenswelt erlaubt uns, die Erde zu bewohnen. Unsere irdische Existenz ist nicht nur an die Tätigkeiten des Ich gebunden, die uns bewusst sind, sondern gerade auch an die unbewussten.

DAS WESEN DER VERSÖHNUNG I

Wir sind in der Darstellung an einem Punkt, an dem klar werden kann, worauf die Fähigkeit der Versöhnung beruht. Sie gründet sich auf der Einfühlung, der Empathie. Insofern ich mich in ein anderes Wesen einfühle, es von ihm aus kennenlerne, bin ich seinem Wesen nahe. Damit wächst die Bereitschaft, mich ihm gegenüber versöhnlich zu verhalten. Sich in andere Existenzformen einzufühlen, sich mit ihnen zu vereinigen, ist die Schule, die zu den seelischen Kräften führt, versöhnlich zu handeln. Versöhnung ist daran gebunden, anderen Wesen in einer Weise nahe sein zu können, dass sich ein tiefes Verständnis für dieses Wesen ergibt. Damit folgt man mit Bewusstsein jener Geste, der das Ich so oder so ununterbrochen folgt. In der Kraft zur Einfühlung, von der unser Ich in jedem Moment unseres Daseins getragen und geführt wird, liegt die Grundkraft der Versöhnung. Diese heilende Kraft in das Licht unseres Bewusstseins zu stellen, heißt, dem Wesen der Versöhnung vertraut zu werden.

5 Wege zum Ich

DAS ZEITLICHE UND DAS DAUERNDE ICH

Man erlegt sich Einschränkungen auf, wenn man der irdischen Existenz zubilligt, einziger Zeuge für das Wesen des Menschen zu sein. Damit missversteht man Schlaf und Tod als unbedeutende Zustände der Seele. Man schließt aus, dass die Seele über die Schwellen des Bewusstseins hinaus ein Dasein und Leben hat, das maßgeblich und bestimmend für die Individualität des Menschen ist. Damit beschränkt man das Ich auf das Wesen der Person, was eine unnötige und übereilte Einengung ist. Zwar geht die gewöhnliche Wahrnehmung über das Wesen der Person kaum hinaus, die Meditation jedoch liefert Einsichten von jenseits dieser Grenzen; sie zeigt, dass der Person ein Weiterleben beschieden ist, auch wenn sie äußerlich vergeht.

Der Tod ist ein Ereignis, das die menschliche Existenz einer Wandlung unterzieht, sie aber nicht abschließend beendet. Auch der Schlaf bedeutet für die irdische Existenz des Menschen und die Seele ein unverzichtbares Wandlungsgeschehen. Nur entzieht sich dem tagwachen Bewusstsein die Bedeutung dieser Wandlung; die meditative Praxis ist aber eine Möglichkeit, diese zu erkennen.

Zunächst erkennen wir uns als die Person, als dasjenige Wesen, das wir zwischen Geburt und Tod sind. Doch wir sind mehr; die Person ist nicht mit der Individualität zu verwechseln, sondern eine ihrer Hüllen. Die Individualität des Menschen ist nicht an das Entstehen und Vergehen der Person gebunden. Sie wird nicht mit der Geburt der Person geschaffen und vergeht nicht mit ihrem Tod. Das Bewusstsein, das an die Person geknüpft ist, weist auf das zeitliche oder personelle Ich;

dasjenige, das über die Person herausragt, offenbart das überzeitliche, überräumliche Ich oder das dauernde Wesen des Menschen. In dem dauernden Wesen des Menschen sind die einzelnen Personen unserer Existenz, die sich mit jeder Inkarnation bilden, in einer gemeinsamen geistigen Hülle vereint. Die einzelnen Personen, die unsere irdische Existenz begründen, werden durch das Wesen des dauernden Ich zu Aspekten oder Wesenheiten unserer umfassenden Individualität.

Das zeitliche Ich erwacht an der sinnlich-irdischen Welt; es offenbart sich an und durch die Person, erscheint letztendlich in der Biografie. Es macht Erfahrungen an und mit und durch die Erde, indem es den Wesenheiten begegnet, die mit ihm die Erde bewohnen; es begegnet sich aber auch selbst und macht Erfahrungen mit sich selbst.

Das zeitliche Ich steht aber nicht für sich allein. Obwohl es an die Person gebunden ist, ist es durchlässig für Wirkungen, die von der überzeitlichen Wesenheit und Individualität des Menschen ausgehen. Im zeitlichen Ich finden sich unübersehbare Spuren der erhabenen Individualität. Es ist insofern ein Kind, das behütet von seiner Mutter, dem dauernden Ich, seine Erdenexistenz führt. Wir sind ein Kind unserer Individualität. Dieses Kind strebt nach Unabhängigkeit, nach Eigenständigkeit, nach Erfüllung. Dieses Streben ist Zeugnis jener Kräfte, die in unserer Individualität ruhen. Diesem Streben nachgeben zu können, gehört zu den bedeutenden spirituellen Erlebnissen des Menschen.

Mit dem Tod beginnt der Weg, der uns schlussendlich dazu führt, von unserem hohen Wesen, unserer Individualität wieder aufgenommen zu werden. Der Tod ist deshalb ein Moment der Geburt, denn wir vereinen uns wieder mit dem Wesen, von dem wir ausgegangen sind.

Die Person ist das Wesen der Erdeninkarnation, das sich von der Individualität löst, ohne freilich die Verbindung zu verlieren. Das an die Person gebundene Bewusstsein kann sich von seinem Ursprung entfernen und ihn verleugnen. Doch wird es im Schlaf und nach dem Tod wieder von ihm aufgenommen, genährt, verwandelt und auch geheilt.

DER LEBENSFADEN

Die Meditation erlaubt dem Bewusstsein, dem Ich auf seinen Reisen jenseits der Grenzen von Schlaf und Tod zu folgen. Die Welten, die das Bewusstsein betritt, sobald es sich von der irdischen Existenz löst, lassen sich schauen. Mit unzweifelhafter Klarheit zeigt sich, wie sich das Bewusstsein Schritt für Schritt mit den Welten vereint, die seine ursprünglichen und heimatlichen sind. Deutlich wird, dass es nicht nur eine Welt ist, von der es aufgenommen wird, sondern viele, die zueinander in ganz bestimmten gesetzmäßigen Zusammenhängen stehen. Jede dieser Welten ist eine Dimension der geistigen Welt; gleichzeitig ist sie aber auch eine Dimension der menschlichen Individualität. Es ist tatsächlich eine der bedeutenden Einsichten, dass jene Welten, die das Ich während des Schlafs und nach dem Tod durchschreitet, immer auch Dimensionen der menschlichen Individualität sind, die sich allerdings jenseits des gewöhnlichen irdischen Bewusstseins erstrecken.

Der Mensch ist immerwährend mit der geistigen Welt verbunden. In seiner Seele wirkt ein Licht, das ihn als einen Bewohner aller Welten ausweist. Dieses Licht ist der Lebensfaden, seine geistige Nabelschnur, die sein Wesen mit allen Welten, auch den höchsten, beständig vereint. Während das Ego ihn dazu veranlasst, sich der Erde hinzugeben, ermöglicht die geistige Nabelschnur das ununterbrochene Zwiegespräch seiner Seele mit den Wesen der höheren Welten. Diese Zwiegespräche lassen die Seele erahnen oder erkennen, dass ihre Heimat nicht nur auf Erden ist und sie den Zugang zu den Welten ihres Ursprungs nie verlieren kann.

Dieser lichtvolle Lebensfaden ist der Strahl des höheren Lebens. Er leuchtet in allen Welten, in den irdischen, planetarischen und kosmischen. Dieses Lichtes gewahr zu werden, bedeutet die Erfahrung einer Urkraft. Die meditative Verbindung mit diesem Licht hilft dem modernen Menschen, angesichts seiner Lebenssituation, die nicht immer komfortabel ist, nicht zu verzagen; er lernt inmitten der Widerstände und Widersprüche die Unverletzlichkeit seines Wesens zu behalten.

HEILSAME EINHEIT

Im dauernden Ich leben Gleichzeitigkeit, Harmonie und Souveränität. Das dauernde Ich sorgt für den Ausgleich, der sich in den Gesetzen des Karmas wiederfindet. Insofern ist sein Wesen heilend. In ihm sammeln sich unsere Erdenerfahrungen; ihm zu begegnen heißt, dem hohen Wesen zu begegnen, das alle unsere Erfahrungen durch die Zeiten hindurch trägt. In ihm sind alle gelebten Aspekte unseres Wesens vereint: die Gaben und Fähigkeiten, und auch die anderen, die schattenhaften, dunklen, bösen Seiten. Im dauernden Ich stehen sie im Ausgleich. Es ist das Tor zum Himmel unseres Wesens. In ihm offenbart sich unsere göttliche Individualität.

Das dauernde Ich ist Träger der Essenz unserer vergangenen Leben. Nach dem Tod bildet sich aus dieser Essenz das Wesen derjenigen Person, als die wir unser nächstes Leben führen. Dem dauernden Ich sind die Gesetze des Schicksals in einer Weise eigen, die ihm erlaubt, im Sinne der Entwicklung der Erde, der Menschheit und der Individualität an dem Schicksal der nächsten Person mitzuarbeiten. Die Einheit mit den hohen Gesetzen der Schöpfung und des Daseins ist das Fundament, das das dauernde Ich befähigt, das Schicksal vorwegzunehmen, welches das zeitliche Ich während seiner nächsten Inkarnation erwarten wird. In seinem hohen Wesen sind die Taten und Schicksalsereignisse der vergangenen Erdenleben eingeschrieben; ihm entstammt aber auch die weisheitsvolle Fügung der noch bevorstehenden, zukünftigen.

Insofern steht das dauernde Ich zwischen den Zeiten wie zwischen den Welten. Sich ihm anvertrauen bedeutet eine wesentliche Erweiterung des Bewusstseins. Indem man seiner heilenden und ausgleichenden Kraft gewahr wird, legt sich eine tiefe Ruhe in die Seele. Man fühlt die natürliche Harmonie des Daseins als eine lebendige Kraft und als ein Eigentum der Seele. Die Gesetze der Himmel und der Erde sind ohne jeden Widerspruch; ebenso werden die eigenen Bedürfnisse, Nöte und Wunden von Kräften des Ausgleichs und der Heilung gemildert.

Sich dem überzeitlichen und überräumlichen Wesen der eigenen Individualität zuzuwenden, ist eine zaubermächtige Geste der Seele. Man wird für eine Seite des eigenen Wesens aufmerksam, in der eine besondere Kraft lebt. Diese Kraft befähigt den Menschen, das irdische Dasein mit dem überirdischen, kosmischen zu vereinen. Die Erfahrung dieser Einheit ist dem zeitlichen Ich in der Meditation möglich. Dadurch offenbart sich der überzeitliche Wesensaspekt der Individualität. Das zeitliche Ich erlebt die heilende Einheit und Kraft ihres dauernden Schwesterwesens.

6 Dimensionen des Ich

DAS WESEN DER VERSÖHNUNG II

Das Wesen der Versöhnung scheut sich nicht, das Widerstrebende, Widerstreitende, das noch Unverwandelte in sich aufzunehmen. Es hat weder Scheu vor dem Anderen, dem Fremden, noch vor dem Wunden. In der Geste der Versöhnung lebt der Wunsch, die Trennung und die Widersprüche zwischen den unterschiedlichen Wesen und ihren Schicksalen aufzuheben. Voraussetzung ist, die Gesetze des Schicksals verstehen zu wollen. Versöhnung beginnt damit, das andere Wesen in seinem Schicksal, also in seiner Wahrheit zu fühlen und allmählich zu erkennen.

Versöhnung ist eine neue Weise des Einsseins, wenn die alte Einheit zerbrochen ist. Versöhnung heißt nicht, den alten Zustand wiederherzustellen, sondern zuerst dasjenige zu überwinden, das zum Bruch geführt hat. Versöhnung erwächst an dem Schmerz, der durch das Zerbrechen der alten Einheit hervorgerufen wurde und weiterhin hervorgerufen wird; ihr liegt der Wunsch zugrunde, dem Schmerz gegenüber nicht mehr wehrlos zu sein. Sie möchte über ihn hinauswachsen. Sie wehrt sich gegen den Schmerz, mit dem sich die alten Wunden immer wieder ins Bewusstsein rufen.

Indem wir uns den Kräften der Versöhnung zuwenden, betreten wir ein neues Feld. Wir kennen es bisher nur als Anfänger; Übung ist vonnöten, sich in ihm sicher und souverän zu bewegen. Versöhnung beruht nie auf Altem und Gewordenem. Versöhnung ist voller Weisheit. Sie ist das Vermögen, mit Trennung, Verzicht und Schmerz umzugehen. Sie ist die Fähigkeit, dem dunklen Schmerz Licht abzuringen und das, was wandelbar ist, zu wandeln.

In der Versöhnung liegt die Geste, dem Schicksal und dem Göttlichen des anderen Wesens begegnen zu wollen. Ihre Quelle liegt in dem Entschluss, der göttlichen Individualität des anderen Menschen zu dienen.

Nicht trennen lässt sich dieser Entschluss von einem anderen, nämlich: sich seiner eigenen göttlichen Individualität bewusst werden zu wollen. Denn wie soll ich den Gott im anderen Wesen sehen können, ohne meinen eigenen zu erkennen und anzunehmen. Beiden Entschlüssen gegenüber sind wir Übende; sie sind die Quellen, aus denen sich Versöhnung speist. Versöhnung ist eine göttliche Eigenschaft der menschlichen Seele und Individualität.

DER ATEM DES ICH

In uns sind die Quellen, durch die die Urwunde, die uns die geistige Welt beigebracht hat, und jene Wunden, die wir verursacht haben oder die uns zugefügt wurden, geheilt werden können. Diese Quellen zu entdecken schließt die Erforschung der eigenen Wesenheit und Individualität mit ein. Damit betritt man einen Weg, auf dem man dem Ich, so gut es geht, folgt und sich dessen Wesen und dessen Dimensionen fragend, beobachtend und meditativ hingibt. Das Ich existiert immer auch außerhalb des Körpers: Seine Reisen während des Schlafes oder nach dem Tod führen es in Weltensphären, wo es sich vom Körper und dem irdischen Dasein gelöst hat; dafür lebt es unter Wesenheiten, die ihr Dasein im Kosmos haben.

Die Individualität des Menschen ist eine atmende Wesenheit, die zwischen ihrem Erdendasein und dem kosmischen Dasein hin und her oder auf und ab schwingt. Dabei geht sie durch Zwischenstufen hindurch. Im Ich, das wir im Wachbewusstsein als ein Zentrum erleben, lebt ein Nachklang dieses großen Atems. In der Meditation ist es möglich, diesem Atem gegenüber Bewusstsein zu entwickeln und damit dem Wesen unserer umfassenden Individualität näher zu kommen.

Bilder, die man in Meditationen dieser Art empfangen kann, sind in der Regel vielfältig und können manchmal verwirrend sein. Zum Beispiel lässt sich erleben, wie das Ich an einer himmlischen Leiter oder an einem Baum hinauf- und hinuntersteigt oder in einem unendlich scheinenden Ozean schwimmt. Das sind Urbilder, die für den Atem stehen, in dem der Mensch als eine Wesenheit lebt, die Heimatrecht sowohl im Kosmos als auch auf der Erde hat.

Die menschliche Individualität ist von Weisheit durchdrungen, die sie aufnimmt, weil sie Zugang zu vielen Dimensionen der Wirklichkeit hat, auch zu den höchsten, kosmischen. Dass uns nur ein Teil dieser Weisheit bewusst wird, ist eine Tatsache, die der Entwicklungsperiode geschuldet ist, in der wir uns befinden. Das muss uns aber nicht abhalten, weiterzuschreiten und weiterzuforschen.

SPHÄREN DES ICH

Sich der Methoden der Meditation zu bedienen, wie sie im ersten Teil dieses Buches beschrieben werden, erlaubt, dem Ich auf seinen Reisen zu folgen. Dadurch öffnen sich Wege, bewusst dem kosmischen Wesen der eigenen Individualität begegnen zu können. Auf seiner Reise begegnen dem Ich hohe Wesenheiten der geistigen Welt. Es betritt lebendige Sphären, in denen Wesenheiten leben, die es bei sich aufnehmen, es umhüllen, stärken, heilen und unterweisen. Diese Sphären stimmen mit jenen überein, durch die die Planeten, die die Erde umkreisen, diese auf geistige Weise umhüllen. Die Erde ist von diesen Sphären wie von lebendigen, wesenerfüllten Sphären umgeben. Diese Hüllen zählen zu den Geistorganen der Erde. Auch die Individualität des Menschen steht zu diesen Sphären in enger Beziehung. Sobald sich die Bindung des Ich vom physischen Körper im Schlaf und nach dem Tod lockert, wird es von diesen übersinnlichen Hüllen und ihren Wesenheiten empfangen und belehrt.

In der Meditation ist es möglich, diese Hüllen und ihre Wesenheiten zu empfinden, zu erleben und zu erkennen. Die Einflüsse des Kosmos auf den Menschen treten dadurch hervor, dass er sich anschickt, die Wesensqualitäten dieser Hüllen zu erfassen. Es zeigt sich mit der Zeit, dass seine irdische Existenz ohne diese Einflüsse unmöglich wäre; sein irdisches Dasein beruht darauf, dass sein Ich mit diesen geistigen Wesen in einem beständigen Austausch steht.

In diesen Wesenheiten begegnet die menschliche Individualität besonderen Bewusstseinsformen. Diese Wesenheiten sind Träger von Bewusstseinskräften, die auf den Menschen wirken und auch auf ihn übergehen. Er wird Einflüsse dieser Kräfte in sich finden. Das heißt, dass er immer auch Saturnmensch, Sonnenmensch, Mondenmensch, Marsmensch, Merkurmensch, Jupitermensch und Venusmensch ist. Geht er den Einflüssen der Planeten auf seine Wesenheit nach, führt das zuerst zu einer Aufgliederung, einer Vervielfältigung seiner Wesenheit, denn es werden ihm die unterschiedlichen Aspekte bewusst, die sich ihm durch die Vereinigung mit den Wesen der Planeten einschreiben.

Diese Einschreibungen kreieren Nachklänge in der Seele, die zeigen, dass die Planetensphären unbedingt zu den Organen der menschlichen Individualität gehören. Diese Organe sind als hohe Wesenheiten zu begreifen, die ihre Wesensart, auch ihr Bewusstsein in den Dienst der menschlichen Entwicklung stellen. Die Wirksamkeit und somit die Anwesenheit dieser Wesenheiten im Menschen ist eine Realität, durch die die menschliche Individualität in ihrer ganzen Wahrheit erst in Erscheinung treten kann.

Jeder Planet stellt dem Ich des Menschen eine ganz bestimmte geistige Substanz zur Verfügung. Diese Substanzen sind Gaben des Kosmos an den Menschen und seine Entwicklung. Es gehört zu den bedeutenden Erkenntnissen geistiger Forschung, zu dem Wesen dieser Substanzen in eine bewusste Beziehung zu treten.

Jede dieser einzelnen Sphären ist im Grunde ein eigenes Land. Jedes dieser Länder ist von Wesenheiten erfüllt, die bestimmte Wirkungen auf die Seele und den Menschen ausüben. Der Mensch ist von diesen Wirkungen bis in das Wesen seines Ich und seiner Individualität unmittelbar durchdrungen. Man kann regelrecht von einem Durchklungensein, von einem Ergriffensein des Menschen von demjenigen sprechen, was als geistige und seelische Wirkungen von diesen Wesenheiten ausgeht.

Indem er die Aufmerksamkeit auf diese Sphären richtet, sich in sie einlebt und sie zu bereisen, zu schauen und zu erleben trachtet, wird er gleichzeitig wie von Zauberhand auf sich selbst und auf sein Wesen verwiesen. Je mehr er diese Sphären erkennt, desto mehr erwacht er in sich selbst, denn er begreift, inwiefern er schon, ohne es zu wollen, Bewohner dieser Länder ist. Sie sind schon in ihm kraft seiner Individualität, die längst, bevor er sich dessen bewusst wird, mit diesen Sphären und Ländern bekannt ist.

Wesen und Qualitäten dieser Länder sind ihm alles andere als fremd; er findet sie in sich als bestimmte Fähigkeiten, als seelische und geistige Gesten, als Wesensaspekte. So kennt er die Saturnsphäre längst und auch die anderen, denn es sind innere Länder seines Wesens, seiner Individualität.

Auf diesem Weg gelangt man zum kosmischen Menschen. Sobald das Ich sich vom Körper löst, beginnt es sich mit diesem Menschen zu vereinigen. Sich die Vorstellungskraft anzueignen, die unserem kosmischen Wesen gerecht wird, ist eine wesentliche Arbeit, wenn man mit den Geheimnissen und dem Wesen der Versöhnung vertraut werden möchte. Denn das Wesen der Versöhnung ist an die Gaben unseres kosmischen Wesens gebunden, sie ist deren Frucht. Diese Gaben dienen uns, wahrhaft zu verzeihen. Bewusst können wir für die Voraussetzungen sorgen. Wir können den Wunsch haben oder den Willen bekunden, zu verzeihen, und wir können aussprechen, dass wir verziehen haben – aber Versöhnung ist nicht nur eine bewusste Tat. Sie ereignet sich immer auch jenseits unserer Wünsche und Entschlüsse. Sie wird immer auch gewährt, wir empfangen sie, sie geschieht.

Die Individualität, die wir jenseits unseres Bewusstseins sind, hat bedeutenden Anteil an der Kraft zur Versöhnung. Sobald wir uns unserem ganzen Wesen, also neben dem irdischen auch dem kosmischen Menschen zuwenden, machen wir uns mit Sphären der Wirklichkeit vertraut, durch die die Kraft der Versöhnung zu einer inneren Erfahrung werden kann.

7 Das göttliche Selbst

DAS WESEN DER HARMONIE III

Um sich mit der Erde zu vereinigen, bedarf die Individualität jener Aspekte des menschlichen Wesens, die dem Irdischen zuneigen: Sie bedarf des zeitlichen und dauernden Ich, der Person, des Egos und des Körpers. All das sind Wesensaspekte der Individualität. Sie macht an jedem dieser Wesensaspekte bedeutende Erfahrungen und entwickelt sich durch alle Erlebnisse, die sie an den ihr eingegliederten Wesensaspekten sammelt.

Daneben kann der Mensch erfahren, dass er jeden Moment seines Daseins vollständig von den Kräften der Harmonie, des Ausgleichs und des Zusammenklangs durchdrungen ist. Indem er sich diesen Kräften in der Meditation hingibt, wird er auf die hohen Gaben verwiesen, die er fortwährend von Mächten der geistigen Welt empfängt. Der Meditierende kann seine Aufmerksamkeit darauf richten, dass er ein Wesen ist, das in jedem Moment himmlische Gaben aufnimmt. Unser gewöhnliches Bewusstsein blendet diese Gaben weitgehend aus, denn seine Aufmerksamkeit gilt der irdischen Welt. Die Meditation ist eine Methode, diese Einseitigkeit zu überwinden und für die Kräfte der Harmonie und des weisheitsvollen Zusammenklangs aufmerksam zu werden, die die Erde und auch den Menschen und seine Individualität durchdringen und tragen. Der innere Blick wird auf das Einssein des Menschenwesens mit den kosmischen Welten gelenkt. Dieselbe Weisheit, die im Kosmos wirksam ist, ist in der eigenen Individualität wirksam.

In der Meditation kann aber auch bewusst werden, dass der Mensch an jenen weisheitsvollen Rhythmen teilhat, die sich, aus dem Kosmos wirkend, in den Bildungen der irdischen Natur zeigen. Die zahlreichen Daseinsformen der irdischen Natur, deren Beziehungen und Wandlungen stehen zum Menschen in einem unmittelbaren und intimen Verhältnis. Zweifellos ist er Teil und Träger der weisheitsvollen Ordnung der Erde. Die Mineralien, Pflanzen und Tiere sind ihm nicht nur äußerlich, sie sind Geschwister seines Wesens.

Ohne die Kräfte der Harmonie, des Ausgleichs und des Zusammenklangs wäre die Existenz unseres Ich-Wesens in den Erdenbedingungen undenkbar. Der Mensch ist dazu berufen, im Zusammenklang mit der gesamten Schöpfung zu existieren und sich zu entwickeln. Sein Leben ist jederzeit eins mit den göttlichen Harmonien. Seine Individualität ist Teil der kosmischen Ordnung. Von daher sind in der Individualität jede Trennung, jede Entzweiung und jeder Schmerz aufgehoben. Sie ist eins mit dem hohen Dasein, das die Erde trägt und umhüllt.

DAS GÖTTLICHE SELBST

Der Mensch ist von hohen Kräften durchdrungen, denen gegenüber jeglicher Gedanke, jegliche begriffliche Bestimmung versagt. Diese sind von einer Fülle und Kraft, für die die Seele in sich kaum Vergleichbares findet. Wir sind nicht gemacht, dieses hohe Licht in seiner ganzen Fülle schon zu schauen, denn es überstrahlt unsere jetzige Existenz. Es durchklingt und durchlichtet uns, wenn auch unmerklich. Indem man diesem Licht folgt, beginnt man das eigene Ich-Wesen als den Keim des göttlichen Selbst zu erleben. In dem Licht, das von dem göttlichen Selbst ausgeht, lebt das Ich in einer Art embryonaler Hülle. Dieses Licht lässt sich als ein lebendiger Strom, regelrecht als ein Sprachstrom erleben, der vom Ich ununterbrochen empfangen wird und sich ihm einschreibt. In diesem Licht ist die Quelle, der Ursprung des Bewusstseins.

Meditationen, die dem göttlichen Selbst gelten, können dazu führen, seine Reinheit und vollkommene Gesundheit zu erleben. Es ist eins mit allem Seienden. Es ist ohne Trennung und Entzweiung, ohne Schmerz und Leid. Unverletzlich und rein überstrahlt es das Schicksal der Individualität, in ihm ist kein Urteil, keine Wertung; vollumfänglich bejaht es das irdische Dasein.

Im göttlichen Selbst sind alle Widerstände, die wir gegenüber dem kosmischen Dasein in uns tragen, aufgehoben. Es ist eins mit den höheren Welten. Es ist eins mit den Erzengeln. Unmittelbar und ununterbrochen empfängt es deren Gaben. Unter den hohen Wesen der Tiere und Pflanzen und Mineralien wandelt das göttliche Selbst wie unter Geschwistern. Aber auch zu den hohen Elementarwesen steht es wie zu Gleichen. Eine ebensolche Einheit besteht auch mit den Wesenheiten, die für uns als die Sterne am nächtlichen Himmel erscheinen. Auch mit ihnen ist das göttliche Selbst eins.

Es lässt sich erfahren, wie das göttliche Selbst von den heilkräftigen Substanzen aus der Lebensschale des Erzengels Raphael genährt wird, wie es den Himmelssegen des Erzengels Uriel empfängt, sich mit dem Schwert und der Waage des Erzengels Michael vereint und von der Liebe zur Erde des Erzengels Gabriel durchdrungen wird. Diese und andere Wesenheiten des Kosmos erfüllen das göttliche Selbst mit ihren Gaben. Selbstverständlich taucht es in den Strom der Zeiten ein, geht durch wesenerfüllte Räume wie durch Landschaften.

Nicht vernachlässigen wollen wir die bedeutende Beziehung des göttlichen Selbst zum Wesen der Erde. Es ist immer auch an das Dasein der Erde gebunden. Tiefe Erfahrungen macht es am Wesen der Erde. Es taucht in die geistigen Schichten der inneren Erde ein. An ihnen offenbaren sich ihm die Geheimnisse des Erdendaseins. Diese Erfahrungen haben eine weitreichende Bedeutung für den Menschen. Im göttlichen Selbst lebt das

Bewusstsein der Bedeutung der Erde für den Menschen und des Menschen für die Erde.

Überschau, ein weiter Atem, Zusammenklang mit allem Seienden sind im göttlichen Selbst, die dem irdischen Menschen unerreichbar anmuten müssen. Im Schlaf wird unsere Seele Teilhaber der Gaben des göttlichen Selbst. Diese Gaben verleihen uns die Kraft, uns von allen Anhaftungen, von Begierden, Ängsten und Irrtümern zu lösen. Sie statten uns mit dem aus, was man die Tugenden nennt, sie spenden uns Lebenskraft, Mut, Liebesvermögen und Erkenntniskraft.

Für das göttliche Selbst ist der irdische Mensch nicht die einzige Existenzform; es reicht über diese hinaus. Der irdische Mensch ist für das Selbst nicht die erste und nicht die letzte Form seines Daseins. Es hängt nicht, wie wir es gewohnt sind, an der irdischen Menschenform. Dennoch hat jede Lebenssekunde für das göttliche Selbst Gewicht und Wert, denn es nimmt auf eine intensive Weise am Schicksal der Erde teil. Trotz seiner Erhabenheit ist das Erdenleben für das göttliche Selbst von hoher Bedeutung.

DIE SCHWESTER DER FREIHEIT

Die heilige Glückshaut, die uns vor der Geburt umhüllt, streifen wir weitgehend ab, sobald wir auf der Erde geboren werden. Sie zu verlieren hat eine besondere Bewandtnis. Ihr Verlust bedeutet, dass wir nun verletzliche Wesen sind; auf jene Unverletzlichkeit und Unschuld, die wir als kosmische Wesen besitzen, müssen wir nun verzichten. Auf der Erde erfahren wir Leid, werden aber auch schuldig am Leid anderer. Wir lernen, was Schmerzen sind, wie man sie trägt, überwindet und verwandelt.

Dass wir durch die Erde mit dem Makel der Schuld versehen sind, ist nicht nur ein Fluch; es ist mehr. Denn auf der Schuld beruht die Fähigkeit zur Freiheit. Wir können deshalb frei sein, weil wir über die Fähigkeit verfügen, die Freiheit und Integrität anderer Wesen (und unseres eigenen) einzuschränken und zu missachten. Im Verletzen-können, in der Möglichkeit zur Täterschaft, kündigt sich die Freiheit der Individualität an.

Die Urwunde bedeutet, Schuld auf sich nehmen zu können. Freiheit ist daran gebunden, von der Unschuld, in der das Kind noch lebt, in die Schuldfähigkeit zu treten. Doch so kann es nicht bleiben. Der umgekehrte Prozess muss hinzutreten. Dieser besteht darin, sich von den Verstrickungen der Schuld zu befreien. Zwingend ist für diesen Prozess das Wesen der Versöhnung. Die Versöhnung ist die Schwester der Freiheit, denn ihre Aufgabe ist es, uns davor zu bewahren, an der Freiheit zugrunde zu gehen. Sie ist der Ausweg aus dem Kreis, der von Täter zu Opfer und von Opfer zu Täter führt. Ohne die Kraft der Versöhnung führt der Wunsch nach Freiheit zu immer neuen Dramen, die wir zur Genüge kennen und unter denen wir längst genug gelitten haben. Wenn sich diese beiden Schwestern vereinen, können die Wunden heilen.

III. VERSÖHNUNG

1 Das unsichtbare Herz

DER BÖSE MENSCH

Wo wir jetzt stehen, lässt sich etwas klarer blicken. Aber wir sind längst nicht am Ende; dafür liegt noch zu Bedeutendes vor uns: nämlich der Blick auf das Böse und seine Verwandlung. Im Bösen nur das Verdammenswerte zu sehen, wird ihm nicht gerecht, denn es ist mehr, viel mehr. Der Abgrund, der sich durch das Böse auftut, geht durch den Menschen hindurch. Er ist böse; das heißt, in ihm lebt dieses besondere Prinzip. Es verleiht ihm die Fähigkeit, sich von allem anderen abzuspalten und ein eigenes Wesen zu entwickeln. Und es ermöglicht ihm, nach Gutdünken zu handeln. Das böse Prinzip ist ein urmenschliches. Dank ihm kann er fehlen, irren, aber auch hervorbringen, was vor ihm noch niemand hervorgebracht hat. Alles Eigene ist an das Prinzip des Bösen gebunden. Könnte der Mensch sich nicht von der kosmischen Ordnung lossagen, an die jedes Tier, jede Pflanze unwiderruflich gebunden ist, stünde er nicht als ein Eigener und Einziger da. Man würde nicht vom Ego und der Person sprechen können.

Das Ich, die Persönlichkeit, die Individualität beruhen darauf, dass sich der Mensch wider die kosmische Ordnung und das göttliche Maß stellen kann. Sonst wäre er über das pflanzliche und tierische Leben nicht hinausgekommen. Das Böse ist ein Wendepunkt; es ist ein Wesensaspekt des Ich und nicht nur ein Makel. Deshalb ist es falsch, dem Bösen das Daseinsrecht abzusprechen; vielmehr sollte man den Sinn und die Bedeutung herausstreichen, die es für die Entwicklung des Menschen hat. Das Böse ist nicht widernatürlich; in ihm ist Sinn und Weisheit –

nur ist, um es zu begreifen, gewissermaßen um mehr Ecken zu denken als beim Guten.

DIE WUNDE DES BÖSEN I

Was uns böse macht, ist nicht leicht zu bestimmen. Wir sind vom Bösen gezeichnet, ohne Gründe dafür zu kennen. Offensichtlich verroht das Böse, schwächt und führt uns immer wieder an die Schwelle unseres eigenen Untergangs. Es trägt aber auch, wenn wir uns ihm stellen, zu unserer Weiterentwicklung bei, macht uns würdiger, stärker, vollkommener. Deshalb ist schwer zu entscheiden, ob das Böse Zeichen unserer hohen oder unserer niederen Natur ist. Denn es ist beides.

Warum der Mensch böse sein kann, ist das größere Rätsel als dasjenige, warum er gut sein kann. Es tut sich mit diesem Rätsel ein Abgrund auf, der schlimmer nicht sein könnte. Ohne Frage ist die Fähigkeit, böse zu handeln, eine Eigenschaft, die den Menschen charakterisiert. Jeder Mensch besitzt sie. Er folgt ihr meistens unbewusst. Denn sich über die Neigung zum Bösen Rechenschaft abzulegen, ist mit einem starken inneren Widerstand behaftet. Dem Bösen, das in der Seele wirksam ist, entzieht der Mensch die Aufmerksamkeit, weil es tiefen Schmerz bereitet, ihm unvorbereitet zu begegnen. Die bewusste Einsicht, böse zu handeln, löst einen beißenden Schmerz in der Seele aus: Denn man schaut in eine Wunde, und zwar in eine tiefe. Bekennt man sich zu einer bösen Tat, heißt das, sich einer Scham auszusetzen, die unbezwingbar erscheint und nur schwer zu ertragen ist.

In uns ist immer auch Unheilvolles, weil Unverheiltes. Wir wissen und ahnen es und leiden darunter. Angesichts dieser Wunden fragt man sich, wie man in eine sinnvolle Selbstverwandlung eintreten kann. Dazu gibt es viele Antworten, jede Kultur, jede Zeit hat ihre. Einer dieser Wege zu den eigenen Schatten und Wunden führt über das Wesen des Herzens. Denn im Herzen schlummern Kräfte, die denjenigen unterstützen, der den Weg der Verwandlung zu gehen wünscht, ob es sich dabei um seine oder die Wunden anderer Wesen handelt. Im Herzen ist eine Stärke, die davor bewahrt, vor dem Dunklen und Bösen in die Knie zu sinken. Es ist ein Organ, in dem viele außerordentliche geistige Kräfte versammelt sind. Es lohnt sich, sie kennenzulernen. Je weiter man in dieser Erkenntnisarbeit fortschreitet, desto untrüglicher zeigt sich, dass das Herz im Fokus einer besonderen Aufmerksamkeit steht. Es ist ein Organ mit einer übersinnlichen Gestalt und Ausdehnung, die weit in die Wirklichkeiten des Kosmos reicht. Das erlaubt den Wesenheiten, die den Kosmos bewohnen, den Menschen zu schauen. Durch das Wesen des menschlichen Herzens blicken diese Wesenheiten in den Menschen.

Indem man das übersinnliche Wesen des Herzens zu erkennen beginnt, gewahrt man, dass das Herz ein Sammelpunkt von Kräften ist, die jene des Menschen bei Weitem übersteigen. Das Herz offenbart die Spuren seiner höheren Organisation, seiner Wesenskräfte, die für das Dasein des Menschen existenzielle Bedeutung haben. Dadurch verbreitet sich die Erkenntnis, dass das menschliche Herz ein Bild und Organ unseres kosmischen Wesens ist. Es weist hin auf jene Wesen und Kräfte, die unser verborgenes kosmisches Wesen umfasst. Indem wir die Wesenskräfte des Herzens erleben und schauen, treten wir vor den kosmischen Menschen.

Die folgende Meditation kann dazu dienen, das Wesen des übersinnlichen Herzens kennenzulernen:

Quelle eines Seins
ist dein Herz
o Mensch
das weit über dir steht
und doch eins mit dir ist
Sphären atmen in dir
derer du dank deines Herzens
teilhaftig bist
sie sind Offenbarungsquellen
des wahren Menschen
der eins ist mit sich
und Erde
und Kosmos
vereint

HERZWORTE

Dem Herzen kann ich vertrauen. Es täuscht mich nicht. In ihm sind weite Räume. Ich kann sie aufsuchen, indem ich mich seinem Wesen hingebe. Sie nehmen mich mit sich fort. In meinem Herzen sind Wege und Kräfte und Sphären, die meine Vorstellungskräfte übersteigen. Ich kann mich aber von ihnen führen lassen. Dann gehen Welten auf, die vorerst vorbegrifflich sind, weil sich die Begriffe und Ideen erst noch finden müssen, die ihnen gerecht werden; ich empfinde sie, bevor ich sie denken kann. Mein Herz ist gewohnt, in kosmischen Welten zu wandeln und Umgang mit den Engeln und Erzengeln zu haben. Es ist voller Weisheit. Nachdem ich mich habe führen lassen, mit den Kräften des Herzens kosmische Welten zu entdecken, kehre ich wieder zurück und trete in das Zentrum meines Erdenwesens ein. Mein Herz ist den irdischen Welten mit derselben Hingabe zugewandt wie den kosmischen; in alle Richtungen geht sein Blick, wirken die Kräfte seiner Blütenblätter.

DIE BLÜTENBLÄTTER DES HERZENS

Die folgende Charakterisierung der zwölf Blütenblätter des übersinnlichen Herzens soll als Wegweiser und Meditationsinhalt die eigene weitere Forschung erleichtern. An den Namen darf man nicht allzu sehr festhalten, denn hohe Wesen mit einem Wort zu bezeichnen, ist ein Unding. Mit den Benennungen lassen sich aber die Blütenblätter leichter finden. Sie sind Namen der Tore zu den einzelnen Blättern. Durch sie kann die Seele schreiten, um sich mit den unterschiedlichen Reichen der kosmischen Welt vertraut zu machen. Jedes dieser Reiche ist eine eigene Welt; hier ist jedem eine Tierkreisregion zugeordnet.

Widder:	Tor des reinen Bewusstseins
Stier:	Tor der Lebensfülle
Zwilling:	Tor der himmlischen Hierarchien
Krebs:	Tor der Sternenwesen
Löwe:	Tor der Lebensverwirklichung
Jungfrau:	Tor der Daseinsverwandlung
Waage:	Tor der Daseinsharmonie
Skorpion:	Tor des Eigenseins
Schütze:	Tor der elementaren Welt
Steinbock:	Tor der inneren Erde
Wassermann:	Tor des Geistesmenschen
Fische:	Tor des Christus

Es ist sinnvoll, vom eigenen Herzen auszugehen. Dazu legt man den Fokus der Aufmerksamkeit in das Herz. Von dort kann man auf das Tor blicken, dem man sich widmen möchte. Indem man dies tut, wird man die Blätter oder Tore mit der Zeit als Wesenheiten erleben. In Stimmung und Ausdruck sind sie sehr unterschiedlich. Man wird immer sicherer werden, ihnen zu begegnen, zwischen ihnen zu wandeln, mit ihnen in Austausch zu kommen.

Von jedem dieser hohen Wesenheiten geht eine unverwechselbare verwandelnde und veredelnde Wirkung aus. Jedes ist ein Reich bedeutender Erkenntnisse. In ihrem Licht zu stehen, stärkt die Seele; es verleiht ihr eine besondere Festigkeit und vertieft das Bewusstsein. Meditationen dieser Art sind ein Schlüssel der eigenen Verwandlung. Helfende Kräfte werden angeregt, vor dem Bösen nicht niederzusinken oder zu verzagen. Es fällt leichter, sich ihm zu stellen, wo auch immer es erscheint.

2 Schattenwesen der Seele

SCHATTEN UND LICHT

Schatten fallen aus dem Licht. Sie fallen an Widerständen, die für das Licht undurchsichtig sind. Ihr getrübtes, verdunkeltes Dasein ist dasjenige verlassener, verstoßener Wesen, die aus welchem Grund auch immer ihrem Ursprung entfremdet wurden. Über sie herablassend zu urteilen, ist grundlos, falsch und überheblich.

Neid, Lüge und Gier sind solche Schattenwesen der Seele. Wir haben uns leider längst eine Meinung über sie gebildet. Sie benennen Abgründe, die der Mensch in sich hat. Sie rufen Widerwillen und Abscheu hervor. Solche Gefühle sind aber ungeeignet, um die Wahrheit über diese Abgründe zu erfahren. Auch den Schatten kommt selbstverständlich eine Wahrheit zu. Doch man lässt sich leicht von dem Dunklen, das ihnen eigen ist, täuschen; man schreckt davor zurück, ihnen Bedeutung und Sinn zuzusprechen.

Der Mensch ist letztendlich ein Mysteriengeheimnis. Dieses ist eng mit den Schatten, die er wirft und in sich trägt, verbunden. Gerade das Abseitige, Abgründige, Dunkle, von dem er den Blick abwendet, weil er es nicht erträgt, lenkt ein ahnungsvolles Licht auf seine eigene Größe: Die Bedeutung des Menschen leuchtet, so paradox es klingen mag, in seinen Schatten. Denn sie weisen, wenn auch verschleiert, auf sein Lichtwesen hin. In den Schatten Zeugen des Lichts zu sehen, heißt, sich auf die Spuren ihrer wahren Bedeutung zu begeben.

Darin, dass die Schatten ihr Licht verleugnen müssen, besteht ihr Schmerz. Denn sie leuchten nicht mehr aus sich; erst das Licht, von dem sie ursprünglich stammen, offenbart ihr Wesen.

Das gilt für alle dunklen Wesensaspekte der Seele. Sie sind nicht sie selbst, sondern Karikaturen. Deshalb sind sie nicht an dem zu messen und zu erkennen, wie sie sich zeigen, sondern nur auf dem Umweg über das Licht, aus dem sie herausgefallen sind. Es gilt zu entdecken, dass in jedem Schatten immer sein ursprüngliches Licht lebt. Es braucht aber Aufmerksamkeit, Interesse und Hingabe, es aufzuspüren.

Indem man darin weiterschreitet, den Schatten ihr Licht zu entlocken, wird man die Erfahrung machen, dass die Kräfte dazu aus der Aufmerksamkeit und Pflege des übersinnlichen Herzens erwachsen. Die Kräfte des übersinnlichen Herzens behüten davor, den Täuschungen des Schattenhaften willenlos nachgeben zu müssen. Man wird begabt, ihnen gegenüber wach und aufrecht zu bleiben. Herzensbildung ist die Voraussetzung für die Erkenntnis der Schattenwesen. In den Blättern des Herzens schlummern die Keime, die die Seele befähigen, die verborgene Wahrheit den Täuschungen vorzuziehen.

DAS WESEN DER SCHATTEN

Die Schatten, die Dunkelheiten, die Abgründe, der Schmerz haben Wert wie das Licht Wert hat. Denn unser Platz ist im Dazwischen, im Unwägbaren, Unsicheren. Nur dort können wir zu uns kommen und uns den Ort der Freiheit sichern. Den Schattenseiten unserer Seele und unseres Wesens kommt eine große Bedeutung zu. Die Schatten sind die Erzieher. Durch sie und die Wunden sind wir Werdende und Wandelnde. Die Gaben der Schatten samt den Schmerzen sind Vorbereitungen, im Grunde die Voraussetzungen unserer Freiheit. Ohne sie kommt unsere Entwicklung nicht aus.

Indem wir uns den Schattenwesen stellen, schauen wir immer auch ihre Not. Ihr Leid. Und ihr Sehnen nach Verwandlung und Erlösung. Und sie, sie schauen ebenfalls auf uns. Ihre Hoffnungen liegen in uns. Indem wir uns zu ihnen hinwenden, sie befragen, ihnen anbieten sich auszusprechen, fällt ein Licht auf sie, das sie von keiner anderen Seite bekommen können. Es gibt ihnen Trost. Sie offenbaren sich uns in ihrer Verlorenheit, ihrer Blöße und ihrer Trauer. In uns schauen sie den Weg, der sie zu ihrem ursprünglichen Licht führt. Durch unsere Hinwendung beginnen sich ihre furchterregenden Fratzen zu wandeln und von ihnen abzufallen. Der Zwang, dem sie unterliegen und der von ihnen ausgeht, vergeht.

Dem Wesen der Seelenschatten wird man erst gerecht werden können, wenn man in ihnen die Wunden schaut, die sie hervorgerufen haben. Jeder dieser Schatten ist Ausdruck einer Verletzung. Gier, Neid, Lüge sind nur andere Worte für die Wunden, unter denen ein Mensch leidet. In den Schatten offenbaren sich die Wunden, die jemandem zugefügt wurden. Zu lügen, zu beneiden, Gier zu empfinden sind nicht freie Äußerungen der Seele, sie sind durch Leid erzwungene. Aber diese Seelenschatten bleiben Teil des Lichts. Deshalb besteht ihre Heilung nicht darin, sie zu überwinden, zu negieren oder zu tilgen, sondern darin, sie mit ihrem Ursprung zu vereinen. Das bedeutet aber, sie mit sich und damit uns mit ihnen zu versöhnen.

Erfahrungen des Mangels sind der Ursprung von Gier, Neid und Lüge. Diese Mängel haften uns meistens an, ohne dass sie uns bewusst würden. Die Ursachen dieser Mängel sind schmerzhafte Erfahrungen: fehlende Anerkennung und Wertschätzung, Verlust, Verachtung, Missbrauch, Gewalt. Diese Erfahrungen legen den Grund für unmäßige Gier, für zwanghaften Neid und Lügenhaftigkeit, Herrschsucht und anderes. Was die Seele einmal besessen hat und was ihr genommen wurde, versucht sie auszugleichen, indem sie Schattenwesen gewähren lässt. Zwar rettet sie sich so, aber nur vorläufig, denn sie besitzt nicht die Kraft, sich den Ursprüngen der Wunden zu stellen. Erst wenn sie die Kraft hat, auf das Seelenlicht zu schauen, dem sie entfremdet wurde, kann sie sich von den Schatten lösen.

GIER, NEID, LÜGE

Man kann in der Meditation in die Schattenwelt der *Gier* eintreten. Es ist interessant und lehrreich, diese Welt kennenzulernen. Man wird schließlich eines Wesens gewahr, das man als Wesen bisher vielleicht noch gar nicht wahrgenommen hat. Unverhohlen zeigt es, dass es alles für sich will. Seine Lust und Erfüllung ist das Besitzen; alles in ihm strebt nach der Entfaltung von Macht über Dinge und Ereignisse, also dahin, sich etwas anzueignen, meistens Materielles, aber nicht nur.

Indem man vertrauter mit diesem Wesen wird, fühlt man, wie es leidet. Es ist nicht im Glück, in der Ruhe, sein Zustand ist nicht frei gewählt. Mit der Zeit wird offenkundig, dass in ihm ein Verlangen und Sehnen ist. Die Gier möchte dem Zustand, in dem sie ist, entfliehen. Man kann diesem Sehnen nachgehen. Man kann die Gier fragen, was sie wünscht, was ihr helfen würde. Auf diese Weise wird die Aufmerksamkeit des Meditierenden auf das Licht gelenkt, das im Hintergrund der Gier leuchtet. Dieses Licht ist selbst ein Wesen. Die Gier stammt von ihm ab und möchte sich wieder mit ihm vereinen. Offensichtlich ist sie von ihm abgefallen. Dieses Lichtwesen offenbart sich dem Meditierenden bereitwillig. Es überrascht mit seiner Strahlkraft und Autonomie. Zweifellos ist es mit der göttlichen Ordnung des Seins tief verbunden. Indem man sich ihm hingibt, fühlt man die lebendige Kraft, die von der göttlichen Ordnung der Welt ausgeht. Die Seele fühlt, wie sie von dieser Kraft erfüllt wird. Die Erhabenheit der kosmischen Ordnung wird zu einem unmittelbaren Erlebnis. Die Seele fühlt, wie sie vom Kosmos ernährt wird, wie ihre Existenz überhaupt erst auf jenen Gaben gegründet ist, die sie aus dem Kosmos erhält.

Von diesem lichten Wesen stammt die Gier. Was die Gier der Seele verspricht, erscheint angesichts der Gaben dieses lichten Wesens gering. Die Gier ist von ihm abgefallen; sie ist sein Schatten und sehnt sich, wieder mit ihm vereint zu sein.

Auf dieselbe Weise lässt sich mit dem *Neid* verfahren. Er hat seine Ursache in einer Kränkung, die man empfindet, weil ein anderer Mensch in seinem Leben dasjenige verwirklicht, was man für sich selbst, vielleicht nur heimlich, wünscht und anstrebt. Der andere hat oder kann, worauf man selbst Anrecht zu haben glaubt. Die Enttäuschung darüber äußert sich im Neid. Man missgönnt dem anderen dasjenige, von dem man überzeugt ist, dass es einem selbst gehört.

Der Neid hat wie die Gier ein Verlangen nach Erlösung. Doch führt sein Verlangen den aufmerksamen Beobachter zu einem anderen Lichtwesen. Jenes Lichtwesen, das sich über dem Wesen des Neids erhebt, möchte den Neid von seiner Enge und seinem Schmerz befreien, indem es auf die hohen Aufgaben hinweist, die jedem Menschen eigen sind. Diese Aufgaben sind vollständig eins mit der lebendigen und göttlichen Individualität des Menschen. Dieses Lichtwesen ist sehr würdig. Es klingt mit der Individualität des Menschen in einem Ton zusammen. Das Licht und die Kraft dieses hohen Wesens machen die Macht des Neids schwinden. Neben ihm verblasst das Bedürfnis, Neid zu empfinden.

Die *Lüge* findet ihre Befriedigung im Erschaffen einer anderen, illusorischen Wirklichkeit. In der Lüge drückt sich die Neigung aus, der Wirklichkeit, wie sie ist, zu entfliehen; stattdessen erschafft sie eine falsche, die aber dem Menschen angenehmer ist, weil er darin seine Wunschexistenz verwirklichen kann. Die Lüge hilft, den Widerständen des Schicksals auszuweichen, indem sie es ummodelt. Wer lügt, stellt sich den Widerständen nicht, sondern versucht sie nach den eigenen Wünschen und Bedürfnissen neu zu erschaffen.

Die Lüge versucht eine Kluft zu überwinden, nämlich die Kluft zwischen Wunsch und Wirklichkeit. Die Lüge tut es mit unlauteren Mitteln. Sie scheut sich, sich der Wahrheit zu stellen, denn das bedeutete, einen besonderen Schmerz ertragen zu lernen. Dieser entsteht, weil das, was man ist und tut, nicht mit den Erwartungen übereinstimmt, die man selbst oder die andere an sich oder an das eigene Schicksal haben. Man fühlt sich vom Schicksal im Stich gelassen und ist davon überzeugt, dass es sich gegen einen gewendet hat.

Die Kluft zwischen Wunsch und Wirklichkeit ist für denjenigen, der lügt, eine Wunde. Sie schmerzt, denn sie ist Zeichen einer Unvollkommenheit, die er sich nicht eingestehen möchte. Sich der Lüge, zu der auch die Selbstlüge gehört, nicht mehr bedienen zu müssen, hieße, dieser Kluft in die Augen schauen zu können, ohne das Gesicht zu verlieren, sei es vor sich oder vor anderen. Man wäre mit sich im Reinen, mit sich versöhnt.

Von der lichten, sich über der Lüge erhebenden Wesenheit geht die Kraft aus, durch die wir trotz unserer Unvollkommenheiten und Widersprüche immer wieder Ja zu uns sagen. Sie verleiht uns die Fähigkeit, vor unseren Unvollkommenheiten nicht verzagen zu müssen. Denn unsere Mängel und Unvollkommenheiten sind mitnichten Feinde, die gegen uns sind. Darüber hinaus zeigt sich dem Meditierenden eine auffallende Nähe jener Wesenheit zu dem persönlichen Engel. Zwischen beiden besteht eine große Nähe. Daran zeigt sich nur, welches Einvernehmen herrscht zwischen den Lichtwesen, von denen die Schattenwesen abstammen, und unserem Engel. Unser Engel hütet diese hohen Wesenheiten unserer Seele. Sie gehören ihm wie uns an.

Schattenwesen, wie die geschilderten drei, sind Zeichen des inwendigen Himmels, den wir in uns tragen. Was für sie gilt, lässt sich selbstverständlich auf andere Schattenwesen der Seele übertragen. An Beispielen ist kein Mangel. Jedes bezeugt, dass jene Wesen, von denen die Schatten stammen, hohe Wesen der Seele sind. Wir verdanken ihnen viel, nämlich nicht weniger als unser hohes göttliches Leben. Man geht nicht fehl, in ihnen Götter oder Mysterienwesenheiten zu sehen. Sie dienen unserer Verwandlung und Vervollkommnung.

Einst wurden diese hohen Wesenheiten verehrt. Ihnen wurde geopfert, die Priesterinnen und Priester verschrieben sich ihnen und priesen sie, und das Volk pilgerte zu den Stätten, an denen ihre Tempel standen. Doch sie haben ihre Stätten auch in der Seele des Menschen, im Tempel seiner Seele. Die Schatten, die sie werfen, sind wie bittere Medizin.

Das zeigt, dass der Weg der Versöhnung nicht an den Schmerzen vorbeiführt, sondern mitten durch sie hindurch. Das kann zu einer ernüchternden Erfahrung werden. Doch solange man noch glaubt, den Wunden ausweichen zu können, ist man in einer Illusion befangen.

3 Das Land der Seele

SEELENWESEN

Sich den Stimmungen und Landschaften der Seele hingeben, sie beobachten, sich in ihre Erscheinungen einfühlen, zeigt, dass wir es immer auch mit Wesenheiten zu tun bekommen, wenn wir die Seele erforschen. Was wir als Gefühle kennen, sind Äußerungen hoher übersinnlicher Wesenheiten, die mit der Seele verbunden sind. So vielgestaltig wie unsere Gefühle sind auch diese Wesenheiten. Auch unsere Gedanken, Ideen und Überzeugungen sind Wesenheiten. Die Idee der Güte, aber auch die der Freiheit des Menschen oder die Idee der kosmischen Harmonie, auch die Idee vom Vorrecht der Stärkeren und die Idee des Materialismus sind Wesenheiten. Wir haben die Freiheit, unser Verhältnis zu diesen Ideen zu bestimmen. Wir können wählen, was wir meinen oder glauben. Weltanschauungen und Dogmen sind sehr mächtige übersinnliche Wesenheiten. Sie üben einen gewaltigen Einfluss aus. Und doch sind wir es, die diesen Wesenheiten ihren Einfluss zugestehen.

Unsere Persönlichkeit ist davon geprägt, welche Haltung wir zu den Wesenheiten unserer Seele einnehmen. Wir reagieren auf ein äußeres Ereignis gemäß den Beziehungen, die wir zu unseren Seelenwesen haben. Sie geben uns die Möglichkeit, uns auf vielfältige Weise zu verhalten. Dasselbe Ereignis versetzt den einen Menschen in Rage, stimmt den anderen ehrfürchtig und verunsichert den dritten. Die Seelenwesen ermöglichen uns mit einer schier unübersehbaren Vielfalt auf die äußeren Ereignisse zu antworten.

Es ist faszinierend, sich die unterschiedlichen Reaktionen

innerlich vor Augen zu führen, zu denen wir fähig sind. Freudige Erregung, stiller Trotz, Verehrung, bedingungslose Unterwerfung, wilder Hass sind nur einige. Gibt man sich ihnen unbefangen hin, zeigt sich ihre Wesenhaftigkeit ohne jeden Zweifel. Sie sind Wesensaspekte unserer Persönlichkeit, aber auch eigenständige Wesenheiten. Man kann sie durchaus als Geschwisterwesen unserer Persönlichkeit betrachten. Jede hat ihre Stimmungen, ihre unverwechselbaren Gesten und besonderen Wirkungen. Freude, Schuld, Machthunger, Hingabe sind unbedingt eigene Wesenheiten. Ihre Wesenseigenschaften lassen sich exakt wahrnehmen und beschreiben.

UNTERWERFUNG UND VERTRAUEN

Jede dieser Wesenheiten ist, weil sie im Weltenganzen bedeutende Aufgaben hat, vielschichtig. Sie sind unzweifelhaft erhabene Wesenheiten, Engelwesen, die sich mit unserem Seelenwesen vereint haben. Beispiele gibt es genug; hier wollen wir uns dreien widmen. Die Darstellung wird zeigen, dass es komplexere Wesenheiten sind, die über Schatten- und Lichtaspekte verfügen.

Wir beginnen mit der Neigung, sich zu unterwerfen. Sie lebt in der Seele als der Wunsch, einer äußeren Autorität zu gehorchen und sich von ihr vereinnahmen zu lassen. Der Unterwerfende fühlt nicht unbedingt das Opfer, das er bringt, auch nicht den Verlust der Selbstbestimmung, denn für ihn überwiegt der Gewinn an Sicherheit, an Zugehörigkeit und Identität. Sich einer höheren Ordnung zu unterwerfen ist mit einem Lustgewinn verbunden. Einem Glauben anzugehören, einer Idee, einer Weltanschauung, der Familie, einem Staat oder einem Unternehmen, bedeutet Erfüllung, Anerkennung und das Erleben, eine Bestimmung und einen Wert zu haben.

Unterwerfung stiftet Sinn und Identität; wer jedoch auf sich selbst gestellt sein möchte, muss Sinn und Identität auf eine andere Weise realisieren. Dennoch wird er der Neigung zur Unterwerfung und zum Gehorsam immer wieder widerstehen müssen. Er wird die merkwürdige Erfahrung machen, dass sie immer wieder, hinter Masken verborgen, aus den Untergründen der Seele auftaucht.

Es lässt sich nun beobachten, dass im Wesen der Unterwerfung eine stille Sehnsucht lebt. Das Wesen der Unterwerfung trägt den Wunsch, sich zu wandeln, in sich. Es richtet den Blick zu dem höheren Wesen, von dem es ursprünglich abstammt. Dieses Wesen, das sich über ihm erhebt, ist von einer tiefen Stille erfüllt. Diese Stille ist Zeugin einer Wesenskraft, die einen bedeutenden Einfluss auf die Seele des Menschen hat. Diese Kraft lenkt die Aufmerksamkeit und Hingabe des Menschen auf seine ureigene göttliche Wesenheit. Er erwacht für das göttliche Urwesen, das er ist. Diese hohe Wesenheit schaut auf die Schwächen, Mängel und Wunden und auch auf die Schuld des Menschen wie auf zwar notwendige, aber doch vorübergehende Erscheinungen. Sie verleiht der Seele die Kraft, aus sich heraus die eigene Stimme zu erheben. Dadurch verliert die Seele die Scheu vor Widerständen. Eigene Ideen, Überzeugungen, Wünsche und Sehnsüchte sind lohnende Ziele. Dafür nimmt man Widrigkeiten, Einsamkeit, Umwege und Unsicherheiten und Ängste in Kauf.

Das Wesen der Unterwerfung unter eine höhere Autorität und das Wesen des Vertrauens in das eigene Wesen sind Facetten einer einzigen Wesenheit. In beiden, in der Unterwerfung und in dem Vertrauen, lebt die Hingabe – einmal gilt sie einer äußeren Autorität, das andere Mal der inneren Kraft der Individualität, einmal einem fremden, das andere Mal dem eigenen Willen. Das Wesen, das die beiden Neigungen vereint, ist eine hohe Engelwesenheit. Ihr obliegt es, zwischen diesen Neigungen zu vermitteln. Der Mensch, der im Widerstreit dieser Neigungen steht, steht in den Lebenshüllen dieser Engelwesenheit. Sie bietet ihm an, diese beiden Seinsweisen kennenzulernen und zwischen ihnen seine Wahl zu treffen. Dem Menschen diese Wahl abzunehmen ist nicht im Sinn der Engel; sonst griffen sie unrechtmäßig in seine Freiheit ein. Aber die Seelenlandschaften, durch die er sich bewegt, in der er Erfahrungen macht, mitunter auch widersprüchliche, sind die Gaben, die sie ihm anbieten.

ÜBERHEBLICHKEIT UND INNERES KÖNIGTUM

Überheblichkeit ist das nächste Beispiel. Einmal auf sie aufmerksam geworden, wird man mit Erschrecken feststellen, in welchen oft subtilen Formen sie auftritt. Sich über andere Menschen erheben gehört zum Alltag. Es ist, als hungere die Seele danach, sich immer wieder Erlebnisse zu verschaffen, durch die sie sich ihrer Überlegenheit über andere Menschen versichert. Vor allem dann denken wir recht schnell gering von anderen Menschen, wenn sie einer anderen gesellschaftlichen Schicht, einem anderen Volk, einer anderen Generation angehören, eine andere Herkunft haben, also nicht unserer Normalität entsprechen.

Beschämend ist die innere Befriedigung, die eintritt, wenn man sich über einen anderen Menschen erhebt. Erheben bedeutet: der Lust zu erniedrigen nachgeben. Es ist eine merkwürdige Lust; sie ist das treibende Motiv hinter der Überheblichkeit.

Ohne diese Befriedigung auskommen zu können heißt, in einer besonderen Weise mit sich versöhnt zu sein. Man hat es nicht nötig, den eigenen Wert auf Kosten anderer zu erhöhen. Der eigene Wert ist nicht an das Bild anderer Menschen gebunden. Über anderen zu stehen wird unnötig. Damit beginnt aber ein besonderes Licht seine Leuchtkraft in der Seele zu entwickeln. Es ist schwer zu fassen, beinahe überirdisch. Es stammt von einer geheimnisvollen weil verborgenen Instanz der Individualität. Es ist genau genommen Zeichen einer besonderen Gabe: nämlich sich gebären zu können. Sich selbst zu empfangen. Ein überaus königliches, engelhaftes Wesen tritt hervor. Es ist von Äußerem unabhängig und nur sich selbst verpflichtet. Das Bedürfnis, sich über andere zu erheben, hat neben diesem Wesen keinen Bestand. Seine Gegenwart wirkt heilend, denn sie befreit von dem Bedürfnis, sich durch die Fremderniedrigung selbst schadlos zu halten.

RUHMSUCHT UND ICH-ERFAHRUNG

Wer der Ruhmsucht erlegen ist, sucht Anerkennung für seine besonderen Fähigkeiten. Er möchte seine Einzigartigkeit durch die Beachtung und Gunst anderer bestätigt wissen. Damit begibt er sich in eine fatale Abhängigkeit zu jenen, die ihn verehren. Er ist gezwungen, seine Besonderheit immer wieder unter Beweis zu stellen, denn er wird seinen Hunger nach Ruhm nur befriedigen können, wenn er das Verlangen anderer, ihn zu verehren, immer wieder bedient.

Der Wunsch, aus der Masse der Menschen herauszustechen, sitzt tief in der Seele; frei von ihm ist wohl niemand. Man möchte jemand Bedeutender sein, Besonderes und Einzigartiges leisten. Dafür erwartet man Bestätigung von anderen.

Anerkennung zu empfangen ist ein Bedürfnis, das auf die Einzigartigkeit des Menschen zielt. Sie berührt die Tiefen des Menschen; sie geht ihm zu Herzen. Im Grunde sucht er die Anerkennung seines göttlichen Wesens. Verehrt zu werden bedeutet eine tiefe Ich-Erfahrung, deshalb ist Ruhm so verlockend. Damit ist der Punkt gefunden, an dem man das Licht spüren kann, von dem die Sehnsucht nach Anerkennung und Wertschätzung ausgeht: Sie stammt von dem Wesen, das wir als ein göttliches sind. Indem wir das Schattenwesen Ruhmsucht nach dem Lichtwesen befragen, von dem es abgefallen ist und ausgestoßen wurde, werden wir auf eine Wesenheit gewiesen, die schwer zu begreifen und zu erfahren ist; eher erahnt und empfindet man sie. Sie überragt uns, reicht hinauf in lichte Weiten. Indem wir sie schauen, nehmen wir Spuren und Nachklänge des göttlichen Wesens wahr, das wir unserem Ursprung nach sind. Wir empfinden durch es unsere Herkunft, unsere Sternenheimat.

4 Das Wesen der Versöhnung

DER SPRINGENDE PUNKT

Die Seele des Menschen ist eine besondere Landschaft. Sie wird von Wesenheiten von hoher Güte bewohnt. Diese übergeben uns kostbare Gaben. Dadurch heiligen sie unsere Seele. Sie statten sie mit der Vielfalt unserer Erfahrungsmöglichkeiten, mit unseren Gefühlen und Fähigkeiten aus. Dank ihnen sind wir in der Lage, zu denken, zu fühlen, aber auch mit unserem Willen tätig zu werden. Selbst die Widersprüche, mit denen wir leben und unter denen wir leiden, sind von ihnen gestiftet. Das Widersprüchliche des menschlichen Wesens ist augenscheinlich gewollt. Wir sind dazu bestimmt, in Widersprüchen zu leben. Die Art des Umgangs mit diesen Widersprüchen ist uns jedoch freigestellt. Die Seelenwesen versehen uns mit Widersprüchen, sie geben uns aber auch die Kräfte des Ausgleichs an die Hand. Es ist an uns, die Art zu wählen, in der wir mit ihren Impulsen umgehen. Was unser Verhalten betrifft, sind wir frei. Wir haben die Gabe, mit diesen Wesenheiten in ein Zwiegespräch einzutreten. Indem wir sie kennenlernen wollen, werden wir auf diese Gabe aufmerksam. Wir werden sie anwenden wollen. Wir werden Zeuge davon, dass diese Wesenheiten befragt werden wollen. Sie wollen sprechen, uns unterrichten und belehren.

SCHAM

Der Weg der Versöhnung führt auf natürliche Weise zur Begegnung mit den hohen Wesenheiten der Seele. Wir haben uns schon einigen zugewandt. Stellvertretend für weitere wollen wir hier das Wesen der Scham, des Zorns und der Furcht behandeln. An ihnen ist viel zu lernen. Sie sind hohe Engel der Seele, vielschichtig und vielgesichtig. Man kommt mit ihnen nur schwer an ein Ende. Sie haben eine hohe Schwingung, begeben sich aber auch in die Niederungen des Seelenlebens. Neben dem Licht tragen sie auch Schatten, die sie dunkel und bedrohlich erscheinen lassen.

Scham ist ein äußerst unangenehmes Gefühl. Man fühlt den verlässlichen und vertrauten Boden unter sich schwinden. Verfehlungen gehen der Scham voraus: eine Unaufmerksamkeit, ein unbedachtes Wort, ein Missgeschick, Handlungen, die man später bereut. Scham empfindet man aber auch über Unzulänglichkeiten und Mängel, die man an sich bemerkt, oder weil man äußeren Ansprüchen und Anforderungen nicht gerecht wird. Man erlebt, wie wenig man mit dem Bild übereinstimmt, das man selbst von sich hat oder das andere von einem haben. Man fühlt sich bloßgestellt, verliert sein Gesicht, also die Achtung und Wertschätzung, auf die man sich bisher verlassen konnte. Die Scham löst einen heiligen Schreck aus, der macht, dass man verschwinden und am liebsten mauseklein sein möchte; der Stich der Scham geht direkt ins Ich.

Doch die Scham hat viele Gesichter: einmal diejenigen, durch die man sich gefesselt und gezwungen, aber auch solche, durch die man sich erhoben fühlt. Die letzteren offenbaren sich nur, wenn man dem Wesen der Scham in der Meditation begegnet. Seinem Wesen in seiner Ganzheit und Fülle zu begegnen, ist ein besonderes Erlebnis. Dann zeigt sich, dass die Scham neben ihren schattigen Seiten auch helle und leuchtende hat. Die Scham offenbart, dass sie die Schwelle zu einem verborgenen Wesensanteil bewacht. In ihr ist ein Übergang, ein Weg vorgezeichnet. Dieser gilt einem Wesensanteil, den wir nicht gut kennen, denn er hat sich mit den Erdenbedingungen nur anfänglich und zart verbunden. Dieser Wesensanteil ruht überwiegend in göttlichen Welten. Das heilige Wesen der Scham weckt den inneren Sinn für unser unschuldiges, ewig kindliches Wesen. Die Gestimmtheit der Scham verhilft uns dazu, uns vor dem Kindlichen zu verneigen, das in uns ist, aber auch vor dem Göttlichen, das in allem lebt, in jedem Ding und in jedem Wesen, und das aber auch im All als die Schöpferkraft Gottes wirksam ist.

ZORN

Der Zorn zielt in eine andere Richtung. Zorn ist das Gefühl der Entrüstung, des Widerstandes. Unrecht, das einem anderen oder einem selbst geschieht, löst dieses kraftvolle Gefühl aus. Wo gelogen, wo fahrlässig, egoistisch, betrügerisch oder mit Absicht schädigend gehandelt wird, wo Menschen gedemütigt oder verletzt werden, regt sich Zorn. Im Zorn ist immer Ungeduld und der Wunsch, einem geschehenen Unrecht entgegenzutreten; der Zornige empfindet fremdes Unrecht wie sein eigenes.

Zorn schlägt leicht in Wut um, dann wird er unberechenbar, sogar zerstörerisch oder selbstzerstörerisch. Denn Zorn setzt feurige Kräfte frei, die so lange im Ich schlummern, bis sie geweckt werden.

Im Gefühl des Zorns wirkt aber mehr, nämlich der Lebensfunke unseres höheren Wesens. In ihm regt sich eine verborgene heilige Kraft, durch die wir uns aufgefordert fühlen, zu unseren höheren Idealen und Zielen zu stehen. Im Zorn erhebt sich der Teil unseres göttlichen Wesens, der es nicht dulden kann, mit dem Dasein nicht eins sein zu können. Zorn macht aufmerksam für das Ich und dessen Quellen. Das Ich ist immer auch Kind einer übergeordneten Wahrheit. Sein kosmisches Wesen offenbart sich im Zorn. Er öffnet den Himmel in einer anderen Weise als die Scham. Nicht unser Unschuldswesen wird wirksam, sondern der entschlossene und wandelnde Gott, der wir auch sind.

FURCHT

Ungewissheit lehrt das Fürchten. Dunkles, schlimme Vorahnungen, unbestimmte Ängste brechen aus dem Unterbewussten hervor und bannen die Seele, die sich nicht mehr zu helfen weiß. Man fürchtet sich, wenn man die Gefahr, der man ausgesetzt ist, nicht abschätzen kann, aber auch wenn etwas ansteht, von dem man nicht weiß, ob man es bewältigen wird. Furcht regt sich, wenn man nicht weiß, was auf einen zukommt – vielleicht droht, dass man verletzt wird, leiden muss oder stirbt.

Dass uns die Vorahnung oder die Erwartung eines schlimmen Ereignisses in Furcht versetzt, liegt nicht nur an dem Ereignis; die Empfindung von Furcht ist ein Erlebnis, durch das Bewusstsein für ansonsten unbewusste Regionen der Seele geweckt wird. Die Furcht ist ein Tor in Gebiete der Seele, die dem Bewusstsein unzugänglich sind. Das Wesen der Furcht hütet, wie die Scham und der Zorn, eine besondere Schwelle. Das Wesen der Furcht macht für einen inneren Menschen aufmerksam, dessen Existenz wir geflissentlich übersehen, denn er ist derjenige, der unentwegt an der Schwelle des Todes steht. Wir sind immer auch dem Tod nahe. Er ist der Vater der Furcht vor Auflösung und Zerstörung unseres Wesens, der Individualität und des Ich. Die Furcht lähmt, weil sie uns die Verletzlichkeit unseres Wesens vor Augen führt, auch unseres geistigen Wesens.

Die Schwelle des Todes ist aber immer auch eine Schwelle der höheren Erkenntnis. An ihr erscheint der Tod in seinem wahren Licht, nämlich als Lebensverwandler und Lebensbringer. Die Furcht bewacht die Schwelle zu einem neuen Leben; sie lehrt, dass das Bild des schrecklichen Todes ein einseitiges ist, weil es die ganze Wahrheit, das volle Licht des Todes ignoriert. Furcht lenkt die Aufmerksamkeit immer auch auf die klärende, wandelnde und heilende Kraft, die durch den Tod wirksam wird. An der Schwelle, zu der die Furcht führt, offenbaren sich die vielen Gesichter des Todes.

DAS WESEN DER VERSÖHNUNG IV

Begegnungen mit dem Wesen der Scham, des Zorns und der Furcht, wie auch mit anderen Wesenheiten der Seele, bereiten darauf vor, jener Wesenheit entgegenzutreten, um die wir nun schon seit Langem unsere Kreise ziehen: dem Wesen der Versöhnung. Der geistige Raum, in den man eintritt, wenn man sich diesem Wesen nähert, scheint unendlich. Es ist, als steige man in einen grenzenlosen Ozean. Aber die Wasser, die Wellen und Strömungen nehmen einen bereitwillig auf. Auf jeden Fall tritt man eine große Reise an, sobald man sich entschließt, dieses hohe Wesen ergründen zu wollen. Und bald weiß man, dass man viel Zeit einrechnen muss, um es kennenzulernen.

Wenn sich die Seele dem Wesen der Versöhnung anvertraut, fühlt es sich für sie so an, als würde sie durch Zeiten geführt, von denen sie kaum Begriffe hat. Sie erahnt die Weisheit, die in jeder Entwicklung liegt. Der innere Blick wird zu den Uranfängen gelenkt. Das Licht, aus dem alles Daseiende stammt, breitet sich in der Seele aus. Daneben tritt unweigerlich die Kraft der Entzweiung auf. Die Aufmerksamkeit wird auf Wesen gelenkt, die dem Wesen der Versöhnung gegenüberstehen; Wesen treten in Erscheinung, die sich als Wesen der Trennung, der Vereinzelung und des Todes bezeichnen lassen. Diese Wesen sind einerseits die Quellen des Schmerzes, andererseits stellen sie sich als die Voraussetzung aller Individualisierung dar. Beide Kräfte, die des uranfänglichen Lichtes und die der Entzweiung, dienen dem Dasein der Erde. In ihrem Zusammenspiel spricht sich göttlicher Wille aus. Und letztendlich liegt in ihrem Zusammenspiel das Geheimnis der Heilung. Das Ende, dem alles zustrebt und in dem die Vereinigung alles Getrennten veranlagt ist, entfaltet seine Wirkung schon im Anfang, also mit jedem Beginn, mit jedem Keim. Keine Entzweiung kann auftreten ohne die Anwesenheit jener Kräfte, die zu ihrer Heilung führt. In jeder Trennung ist Zusammenklang anwesend, im Absteigen ist Aufsteigen, im Schmerz Heilung, im Auseinanderstreben Vereinigung.

Das macht die Meditation, gilt sie dem Wesen der Versöhnung, so heilsam. Es stellt sich heraus, dass es unvernünftig ist, auf dessen Gaben zu verzichten. Die Versöhnung trägt, wie viele andere Engel, eine Schale, die sie der Seele des Menschen reicht. Diese Schale enthält eine besondere Substanz. Ihre Qualität trotzt jeder Beschreibung. Die Substanz hat eine tröstende Wirkung. Mit ihr kann man die eigenen Wunden benetzen.

Jeder wird die Begegnung mit dem Wesen der Versöhnung auf eigene Weise erfahren. Er wird von ihm als Individualität angesprochen. Es ist jeweils ein intimer, stiller und eigentümlicher Prozess. Vielleicht werden einem Meditationen gezeigt, mit denen man die Schmerzen seiner Seele mildern kann. Oder es steigen innere Bilder und Ereignisse auf, die wichtig und heilsam sind.

DER URSPRÜNGLICHE STERN

Eine jener Meditationen, die vom Wesen der Versöhnung mitgeteilt werden, ist die folgende. Darin verbindet man sich mit demjenigen Wesen, das man vom Anfang her, also noch bevor man sich das erste Mal mit der Erde verbunden hat, gewesen ist. Dieses Wesen ruhte im Schoß kosmischer Welten. Es existierte an einem bestimmen Ort des Sternenhimmels und wurde in den Mänteln hoher Engelwesen gehütet. Sich von seinem Dasein Vorstellungen und Bilder zu machen, sind wir kaum in der Lage. Seine Daseinsform ist von der unsrigen unvorstellbar verschieden. Es hat noch keine Erfahrungen an der Erde gesammelt; es kennt das, was wir heute Individualität nennen, noch nicht. Erst an und durch diese vielfältigen Erfahrungen reift die Individualität. Vor aller irdischen Erfahrung und aller Individualität hatte der Mensch aber schon einen Auftrag. Er erhielt ihn während seiner Sternenexistenz von höheren Wesenheiten. Er ist ihm wie ein Siegel eingeprägt. Dieser Auftrag bleibt nun durch alle Erdenverkörperungen bestehen. An ihm orientieren sich seine zahlreichen irdischen Lebensläufe. Das gibt seinem Wesen einen urmächtigen und doch zarten, ganz eigenen Klang.

In der Meditation ruft man die Erinnerung an jenes Sternenwesen hervor, das man vor aller Berührung mit der Erde war. Man kann die Erfahrung machen, dass es noch immer durch einen hindurch wirkt. Sich dieser Wirkung zu versichern kräftigt die Seele. Man erfährt sich als Ausdruck und lebendiges Zeugnis eines uranfänglichen Keims.

5 Hüter der Seele

DER UNVERLETZLICHE MENSCH

Jeder Mensch ist verletzlich – und trotzdem immer auch ein unverletzliches Wesen. Der unverletzbare Keim der menschlichen Individualität kennt nicht Schmerz, nicht Wundsein oder Angst und Furcht. In ihm ist keine Schuld. Dieser Keim weist auf die hohe unschuldige, ewig kindliche Seele, die zwar das Schicksal jedes Menschen begleitet, sich aber nicht darin verliert. Das irdische Dasein kann ihr nichts antun, nicht weh machen. Von ihr stammt ein besonderes Licht, das sich wahrnehmen lässt, denn es leuchtet bis in jede Wunde, bis in jeden Schmerz; dessen Aufgabe ist, dafür zu sorgen, dass keine Wunde ohne die Kraft ist, durch die sie wieder heilen kann.

Dieses unverletzliche Wesen der menschlichen Individualität gehört dem Vorbegrifflichen, dem Undenkbaren an, es entzieht sich dem gewöhnlichen, an das Sinnliche gebundenen Bewusstsein. Dieses unverletzliche Wesen aufzuspüren, Erfahrungen mit ihm zu sammeln, es in der Seele zu erwecken, ihm Glauben zu schenken und seine Kräfte an- und aufzunehmen, ist ein bedeutendes Ereignis. Der Mensch betritt damit einen Weg, der ihn zu sich selbst führt. Die Meditation bietet vielfältige Methoden der Annäherung. Die Begegnungen sind jedoch zart und still.

Die sich entwickelnde menschliche Individualität ist auf die Gaben dieses hohen Wesens angewiesen, wenn sie nicht den äußeren Einflüssen, denen sie ununterbrochen ausgesetzt ist, erliegen möchte. Diese Einflüsse werden in Zukunft stärker und wohl auch noch bösartiger werden. Sie werden der Individualität immer entscheidender zusetzen und sie zu schädigen versuchen. Sie wird Widerstände vorfinden, die ihre freie Entwicklung entscheidend hemmen, wenn sie nicht aus sich Kräfte entwickelt, die sie gegen diese Einflüsse immunisieren. Die immunisierenden Kräfte haben ihren Ursprung im Unschuldswesen des Menschen; ihre lebendigen Keime ruhen in seinem ewigen kosmischen Wesensanteil und gehören zu seinem kosmischen Erbe. Dem Unschuldswesen sich zuwenden, es einladen, mit ihm in ein inneres Gespräch kommen, ist ein Schlüssel, diejenigen Kräfte auszubilden, die als stärkende, heilende und versöhnende die Menschenwesenheit immer schon wie ein großer Traum durchdringen.

DIE WUNDE DES BÖSEN II

In jedem Bösen offenbart sich ein Wundsein. Kränken, verraten, verletzen tut nur, wer wund ist. Sonst hätte er keinen Grund. Kritisieren tut nur, wer selber darunter gelitten hat, verachten nur derjenige, der selber Verachtung kennengelernt hat, verfluchen wird nur, wer kennt, verflucht zu werden.

Das Böse ist Zeichen von Not, von Mangel und erlittenen Schmerzen. Böse kann nur handeln, wer verwundet, also geschwächt ist. Immer liegen Qualen hinter einer bösen Tat. Das tritt schon in alltäglichen Dingen zutage: wenn man im Gespräch über einen Dritten Falsches weitergibt, wenn man eine überkritische Beurteilung vornimmt, selbst wenn man einseitig über jemanden oder ein Ereignis denkt – jedes Mal leuchtet eine Wunde auf.

Leicht fällt das Böse nicht von uns ab. Wir sind zu tief mit ihm verschwistert. Nur im Licht zu sein ist unerfüllbar, eine Illusion. Die Sehnsucht, die hinter dieser Illusion steht, möchte vergessen machen, dass wir eine Verantwortung dem Dunklen gegenüber haben. Das Ziel kann nicht sein, das Licht für sich haben zu wollen. Vielmehr soll das Licht zur Verwandlung beitragen und dem Dunklen, dem Leid, dem Wunden gegenüber die Leichte, die Farben und die Möglichkeiten der Verwandlung bewahren.

Das Lichte zu sehen, das in jedem Bösen ist, ist eine bedeutende Tat, eine geradezu meisterliche. Sie fühlt sich dem Keim verpflichtet, dem Licht, das aller Dunkelheit innewohnt. Sie ruht nicht, bis sie diesen Keim erfasst hat. Sie weiß von dem kosmischen Erbe, das in jedem Wesen, egal welcher Güte, wirkt. Die Bilder, die das Böse von sich in die Welt sendet, verlieren so etwas von ihrem Schrecken. Dass sich das Böse in dunkle und furchterregende Gewänder kleidet, sich einen gewaltsamen Anschein gibt, sind, im rechten Licht besehen, Rufe der Not, der Verzweiflung und des Schmerzes.

DER VERLETZENDE MENSCH

Wir sind immer auch Täter. Wir verletzen unwillkürlich mit Worten und Blicken und Gedanken und fügen anderen damit Leid zu. Wir demütigen und verletzen aber auch vorsätzlich. Dabei erfahren wir Lust. Verletzen bedeutet Lustgewinn. Das Leid, das wir verursachen, befriedigt, weil wir die Macht spüren, die wir über andere Wesen und Menschen besitzen. Wir erleben daran eigene Vollmacht und Souveränität. Dass diese Erfahrungen auf Unrecht bauen, spielt keine Rolle.

Sich des Wesens des verletzenden Täters bewusst zu werden, ist ein Prozess der Reinigung und Befreiung der Seele. Dieser Mensch hat sein Zelt in jeder Seele aufgeschlagen. Vorerst ist es allerdings ernüchternd, diesen Seelenaspekt, durch den man an anderen schuldig wird, kennenzulernen. Denn durch ihn bekommt das Bild des guten Menschen, für den man sich hält, nicht mehr zu übersehende Kratzer und Sprünge. Dass die

Demütigung und Unterdrückung anderer Menschen dem Wesen des verletzenden Täters dazu dient, sich ein Gefühl der Machtfülle und Erhabenheit zu verschaffen, ist eine besonders beschämende Erkenntnis.

Tatsächlich aber fällt der Blick auf einen Wesensaspekt des inneren Menschen, dessen Stärke täuscht: Im Grunde ist der Täter wund und schwach und voller Mängel, Selbstanklagen und Zweifel. Die Machtfülle, über die der verletzende Täter zu verfügen meint, ist Schein. Das Bedürfnis zu kränken, zu verletzen, Leid zuzufügen weist nicht auf Stärke hin, sondern auf Schwäche.

Die Schwäche besteht in dem Paradox, dass sich der verletzende Mensch von den Verletzungen, die ihm zugefügt wurden und ihn entwürdigt haben, zu befreien versucht, indem er andere Menschen kränkt, demütig und verletzt. Damit erliegt er aber einem Trugschluss. Ignoranz, Verachtung, Böswilligkeit, Wut und Aggressivität sind nur unvollkommene Mittel, sich von den eigenen, meist verborgenen Wunden und Schmerzen zu befreien.

Jemanden zu verletzen offenbart die Unfähigkeit, die ursprüngliche Unverletzlichkeit des anderen Menschen wahrzunehmen und zu respektieren. Der Verletzende ist für die Würde und das kosmische Wesen des anderen Menschen unempfindlich. Die Gewissheit vom hohen unschuldigen Wesen des anderen Menschen hat keine Geltung.

DAS WESEN DES KOSMISCHEN KINDES

Sowohl der verletzende als auch der verletzte Mensch sind Wesenheiten, die sich in jeder Seele finden. Ihre Existenz gründet sich darauf, dass wir in vielen Leben für Leid gesorgt und Leid empfangen haben. Beide, das Wesen des verletzenden und des verletzten Menschen, wollen geschaut werden. Wund sind beide, im Grunde auf ähnliche Weise. Täter wie Opfer sind Facetten unserer Individualität. Ihr Verhältnis ist kompliziert. Sie fliehen einander und bedingen sich. Heilung kann keiner unabhängig von der Heilung des anderen erreichen.

Indem man sich nun in der Meditation dem Zwischenraum hingibt, der sich zwischen beiden Wesen auftut, tritt ein drittes Wesen in Erscheinung. In der inneren Schau leuchtet in der Mitte zwischen dem verletzenden und dem verletzten Menschen eine weitere Wesenheit auf. Von ihr geht ein warmes liebliches Licht aus. Es ist das Wesen des unverletzlichen Menschen. Es kennt keinen Makel, keine Wunde, keinen Schatten. Um diese Dreiheit des verletzenden, verletzten und unverletzlichen Menschen ist ein besonderes Geheimnis. Es ist allemal lohnend, sich ihm meditativ zu widmen. Was die drei der horchenden Seele offenbaren, ruft ein tiefes Verständnis für das Wesen des Menschen hervor. Sein Selbst erscheint in drei sich nahestehenden und doch vollständig unterschiedlichen Wesenheiten. Sie bezeugen den Weg des Menschen aus den himmlischen Gefilden zur Erde, und sie bezeugen denjenigen Weg, der ihn wieder mit den Himmeln vereint. Dazu ist aber nötig, dass das Wesen des unverletzlichen Menschen sich der Wunden des verletzenden und des verletzten Menschen annimmt.

Im unverletzlichen Menschen erscheint die Wesenheit des ewigen, des kosmischen Kindes. Es tröstet die beiden anderen. Diese haben sich mit dem Dasein der Erde auf eine Weise verbunden, dass sie von Wut, Hass, Schmerz, Ohnmacht und Hoffnungslosigkeit übermannt werden. Dem ewigen Kind aber stehen der Himmel und seine Wesenheiten offen; nie verliert es sein angestammtes ursprüngliches kosmisches Dasein. Seine natürliche und unschuldige Wesenskraft versprechen der verletzenden und der verletzten Seele Trost. Das Kind ist ewig und unvergänglich; seine beiden Geschwister werden von seinen

Flügeln ununterbrochen umhüllt und erleuchtet. Sie laben sich an dem wunderbaren Wesen des Kindes und dem Leuchten und dem Farbenbogen seiner schimmernden Flügel.

DAS HOHE SONNENWESEN

Das ewige Kind wirkt im Namen der höchsten Götter. Durch dieses Kind ist diejenige hohe Wesenheit anwesend, die sich mit der Erde und dem Menschen auf besondere Weise vereint hat. Sie hat die Erde gesucht und den Schmerz kennengelernt. Dieses Wesen ist das Christuswesen. Es hat sich den Menschen anvertraut und überlassen. Es erlitt einen gewaltsamen Tod. Damit hat dieses aus den Weiten des Kosmos stammende Wesen das Schicksal der Erde zu seinem gemacht.

Das ist eine erstaunliche Tat! Sie führt dazu, dass gerade dort, wo der Mensch in seiner größten Schwäche ist, wo ihn Schmerz, Verzweiflung, Wut und Angst bedrängen, von Christus eine lindernde, erlösende und heilende Wirkung hinströmt. Erstaunlich ist nun, dass sich Christus durch sein Leben auf der Erde nicht nur mit dem verletzten, sondern auch mit dem verletzenden Aspekt des Menschen vereint hat. Seine Aufmerksamkeit und liebevolle Hingabe gilt ohne Einschränkungen Tätern wie Opfern. Denn wund sind beide.

Eine Meditation dazu:

Christus
Licht der Welt

du erbarmst dich
der gefallenen
leidenden
verdunkelten
Wesenheiten

Ohne Ende
sind deine Lebensgaben

Dein Licht
erhebt
erkraftet
durchlichtet
die Seele
vereinigt sie mit dem Höchsten
damit sie sich des Tiefsten annehme
und es ins Licht
der heiligen Erde
stelle

6 Gaben der Versöhnung

DAS WESEN DER VERSÖHNUNG V

Die Begegnung mit dem Wesen der Versöhnung ist die Begegnung mit einem Engelwesen. Sie kann deshalb nur ein behutsames Herantasten sein. Man wird sich dazu viel Zeit lassen müssen, nichts überstürzen, aber dennoch mit Beharrlichkeit weiterschreiten. Naturgemäß geht es in kleinen Schritten voran. Geduldiges Warten auf Zeichen, auf den Hauch, auf das Berührtwerden von einem Wesen, das in einem ganz anderen Daseinszustand existiert, ist der einzig gangbare Weg. Empfindung und Gefühl sind, was diese Begegnung betrifft, gegenüber dem Verstand im Vorteil. Neues erfüllt die Seele zuerst jenseits allen Verstehens.

Deutlich steht der Abstand unserer Existenzweise gegenüber der dieses Engels vor Augen. Die Begegnung wird nicht von uns bestimmt. Wir können uns aber bereithalten, uns vorbereiten und uns ihm mit Aufmerksamkeit zuwenden.

Der Engel der Versöhnung ist eine tiefe Verbindung mit der Erde eingegangen. Sie ist für ihn offenkundig existenziell. Er hat sich der Erde verschrieben, ihrer Entwicklung und damit dem Menschen. Es ist nicht übertrieben, zu sagen, dass sich das Wesen der Versöhnung trotz seiner Erhabenheit und der großen Zeiträume, die es umspannt, in eine Abhängigkeit vom Menschen begeben hat. Das ist sein Opfer. Es sucht unsere Nähe, möchte gehört und aufgenommen werden, und es möchte in uns wirksam werden können.

Man kann den Engel der Versöhnung nach seinen Gaben fragen. Man kann ihn bitten, dass er sie einem zeigt. Das zu tun ist ein heiliger Akt. Was man auf diese Weise empfängt, ist schwer zu beschreiben und zudem individuell gefärbt. Es ist ein Ereignis, das sich in den Tiefen der Seele vollzieht. Es stellt sich das Gefühl ein, dass man von dem, was auf diese Bitte folgt, nur einen kleinen Teil bewusst erlebt.

GNADE DER VERGEBUNG

Was Gnade ist, kann an der Begegnung mit dem Engel der Versöhnung aufleuchten, aber auch, welche Gaben, also geistigen Substanzen, die Wesenheiten der höheren Welten willig sind, dem Menschen zu überlassen. Diese sind nötig, damit wir die Aufgaben, die uns gestellt sind, bewältigen können. Die Gaben fließen uns auf natürliche Weise ununterbrochen zu. Unser Wesen könnte keinen Moment bestehen, wenn es nicht in den Genuss der geistigen Gaben der Wesen der höheren Welten käme. Über dasjenige hinaus, was wir auf natürlichem Wege empfangen, gibt es Gaben, die uns nicht auf natürlichem Wege zukommen, sondern die notwendig erbeten werden müssen. Dazu gehört die Fähigkeit, zu vergeben.

Der ernsthafte Wunsch, vergeben zu wollen, bedeutet eine Verwandlung, einen Umbau der Seele. Alte Muster und Schmerzen müssen ihre Macht verlieren. Die Wandlung dieser Muster besteht in der Erlösung jener Schattenwesen, denen wir erlauben, in uns ihre Wirksamkeit zu entfalten. Sie halten an den Verhaltensmustern, Erwartungen und Gedankensystemen fest, denen wir uns unterordnen. Ihr Dasein entfaltet sich an Systemen, Prägungen, Ordnungen, Ideen und Überzeugungen, denen wir uns fügen. Dieser Umbau ist ein langwieriger Prozess; er kann viele Jahre und auch Leben in Anspruch nehmen. Je tiefer die Hemmungen, Behinderungen und Wunden sind, die der Verwandlung widerstehen, desto mehr Zeit ist nötig. Die Zeit ist ein wichtiger Faktor. Aber sie ist nicht alles. Heilung ist ohne

Eingreifen höherer Welten nicht denkbar und möglich. Sie ergibt sich aber nicht nur auf natürliche Weise. Insofern ich mich mit diesen Wesenheiten bekannt mache und ihre Mithilfe wünsche und erbete, heilt Zeit Wunden.

DIE TIERSEELEN

Es besteht ein merkwürdiger Graben zwischen uns und den Wesenheiten der Erde. Wir sind ihnen entfremdet, obwohl die einfühlende Anschauung in ihnen Geschwisterseelen und -wesen erkennt. Diese Fremdheit, die wir gegenüber den Pflanzen und Tieren empfinden, ist ein Mal der Urwunde, an der wir leiden. Das zeigt nur, dass wir noch auf dem Weg sind, die wahre Bedeutung der Wesen, die die Erde mit uns bewohnen, zu erfassen.

Ich erfuhr das, als mich ein befreundeter Bauer zu seiner Kuhherde führte. Eines der Tiere stellte sich direkt vor mir auf. Ich merkte, dass die Kuh etwas mitteilen wollte. Ich gab mir große Mühe, aber erst nach einer Weile verstand ich, was sie sagen wollte. Sie wollte uns eine Frage stellen. Sie fragte, welche Vorstellungen wir uns von dem zukünftigen Zustand machten, der eintritt, wenn die Tier- und die Menschenwelt wieder vereinigt sein wird. Nachdem ich verstanden hatte, wandte sie sich augenblicklich ab und gesellte sich zu den anderen Tieren der Herde.

Ich musste gestehen, dass ich mir solche Vorstellungen noch nie gemacht hatte. Besonders berührend war das Interesse der Kuh an unserem Vorstellungsleben. Mich hat diese Frage nach der gemeinsamen Zukunft von Mensch und Tier nicht mehr losgelassen. Meine Begegnungen mit Tieren, besonders mit den Bienen, aber auch mit anderen, haben mich immer wieder fühlen und erkennen lassen, dass die Tiere unsere Geschwisterwesen und -seelen sind. Sie stehen uns in einer Weise nahe, die unserem Bewusstsein nur schwer zugänglich ist. Wir halten die Nähe dieser hohen Seelenwesen kaum aus, denn sie sind von einer Erhabenheit und Fülle und Liebe, die Scham in uns hervorruft, wenn wir uns mit ihnen vergleichen. Die hohen Tierseelen sind tatsächlich überaus erhabene und weisheitsvolle Wesenheiten. Sie stehen auf der Stufe hoher Engel.

Für die hohen Wesen der Tiere bedeutet die Art und Weise unseres Umgangs mit Tieren einen großen Schmerz. Diesen zu erleben ist tief erschütternd. Ihm nicht zu erliegen, wird jeder seinen eigenen Weg finden müssen; der hier gegangen werden soll, führt dahin, sich der Aufgaben bewusst zu werden, die die hohen Seelen der Tiere für die Entwicklung des Menschen haben. Sich um dieses Wissen zu bemühen ist eine Weise, sich mit diesen Wesen zu versöhnen, die zum Teil auf schändliche Weise behandelt werden. Indem man diese hohen Wesenheiten wertzuschätzen beginnt, ihre Gaben für den Menschen wahrnimmt, die wie Gaben von Engeln sind, bildet man mit an dem geistigen Lebensnetz, das alle Wesen miteinander verbindet. Das als eine Arbeit der Versöhnung zu bezeichnen, ist nicht übertrieben.

SIEBEN MYSTERIENWESEN

Sich den hohen Wesen der Tiere zuzuwenden ist voller Überraschungen. Denn dieses Ansinnen führt immer auch zu den Mysterien der menschlichen Seele. In der Meditation zeigt sich, dass die Tierseelen Tore hüten, die für die menschliche Seele von großer Bedeutung sind. Diese Tore sind Eingänge oder besser geistige Organe, durch die die Seele mit wesentlichen sie konstituierenden Kräften vereint wird. Diese Kräfte sind kosmischen Ursprungs. Die Tierwesen hüten Kräfte, durch die die

Seele sich mit dem kosmischen Dasein vereint. Meditationen, durch die man zu Erkenntnissen des wahren Verhältnisses zwischen uns und den Wesen der Tiere kommt, vermitteln dem Menschen ungeahnte Einsichten. Er wird sich als ein von diesen hohen Wesenheiten Geführter erleben und erkennt die wesentlichen Lebensimpulse, die er von ihnen empfängt.

Von der Daseinsebene, auf der sich die hohen Tierwesen befinden, gehen sowohl lebendige als auch seelische Kräfteströme zum Menschen hin. In aller Kürze möchte ich im Folgenden Hinweise zu sieben hohen Tierwesen geben: der Wespe, dem Raben, dem Stier, dem Löwen, dem Skorpion, der Biene und dem Wal.

Die Kräfteströme, die vom hohen Wesen der *Wespe* sich mit dem Menschen vereinen, haben mit dem Intellekt zu tun und den Kräften, die dazu dienen, ihn zu entwickeln und anzuwenden. Insofern steht das hohe Wespenwesen, wie jede Tierwesenheit, an einer besonderen Schwelle. Diejenige, an der das Wespenwesen wacht, lässt sich als der Übergang vom lebendigen Denken zum toten Denken bezeichnen. Die Wespe steht dem Licht, das in der kalten Intelligenz wirksam ist, sehr nahe. Dass sie an dieser Schwelle steht, macht ihr Wesen aus. Sie hütet diese Schwelle für uns. Kalte Intelligenz ist eine wesentliche Erfahrungswelt derjenigen Stufe der Entwicklung, in der wir uns jetzt befinden. Insofern sie diese Schwelle hütet, ist sie eine unserer Schwestern.

Das hohe Wesen des *Raben* steht an einem anderen Ort. Es hütet die Schwelle, an der das Licht in der Dunkelheit sichtbar wird. Zum Rabenwesen gelangt man, wenn man aus der Gewissheit heraus, dass sie die Hülle des Lichts ist, die Dunkelheit nicht scheut. Was von diesem Licht zuerst aufgeht, sind die Wesen der Farben. Das Wesen des Raben hat deshalb die Aufgabe, die Farbenwesen zu hüten, die an der Schwelle zwischen Licht und Finsternis aufleuchten. Der Rabe zeigt Wege ins wesenhafte Licht.

Das Wesen des *Stiers* steht dort, wo sich das reine Leben entfaltet. Es hütet die Lebenskräfte, die sich in jedem Wesen finden und zum Ausdruck kommen. Sich mit ihm verbinden heißt, ins Dasein der reinen Lebenskräfte treten. Er schenkt der Seele die nötige Empfindsamkeit, die Qualität dieser Kräfte unterscheiden zu können.

Die hohe Wesenheit des *Löwen* hat eine besondere Nähe zum Ich-Wesen des Menschen. Diese Wesenheit steht an der geistigen Schwelle, an der der Mensch sein Ich empfängt. Deshalb ist der Löwe das Tier der Selbstbehauptung, aber auch der Selbstgewahrwerdung. Von ihm geht eine Kraft aus, die dem Menschen sowohl Ausdruck als auch Erkenntnis verleiht.

Das Wesen des *Skorpions* hütet den Seelenort, der Einlasstor des Bösen ist. Er steht dort, von wo das Böse eindringt. Er steht dort aber in einer Weise, die den Menschen frei lässt. Er wird durch den Skorpion nicht gedrängt, angesichts des Bösen so oder so zu handeln. Deshalb tritt der Skorpion auch als ein Hüter der Freiheit des Menschen auf.

In der *Biene* verkörpert sich ein Wesen, das mit dem kosmischen Wesensanteil des Menschen verschwistert ist. Es hütet die Schwelle zum höheren, also zukünftigen Menschen. Am Bienenvolk offenbart sich das zukünftige Dasein des Menschen. Die Weisheit, die sich an ihm zeigt, ist ein Wahrbild derjenigen Weisheit, die keimhaft im Menschenwesen veranlagt ist.

Das Wesen des *Wals* ist von einer Erhabenheit, durch die sich der schauenden Seele der Himmel öffnet. Der Wal hütet die Schwelle zu den höchsten Geheimnissen des Lebens und Daseins. Sie erreicht der Mensch jede Nacht während des Schlafes. Die schlafende Seele wird dort vom hohen Engel der Wale empfangen.

Jede Begegnung mit einem Tier ist immer auch die Begegnung mit einer besonderen Schwelle des Menschenwesens. In diesem Sinn sind die Wesen der Tiere Hüter des inneren Menschen. In seinen seelischen und geistigen Qualitäten, Fähigkeiten und Zuständen leben die Tierwesen auf eine Weise, die zwar verborgen ist, die aber offenbar werden kann. Gelingt das, wird man fühlen und erkennen, dass man in Mysterien eingeführt wird. Diese stehen dem Wesen der Versöhnung sehr nahe.

7 Die Erde

DIE NOT DER ERDE

Schon seit langer Zeit fügt der Mensch den Wesen der Erde und der Erde selbst Leid zu, das er ihnen nicht hätte zufügen dürfen. Er tat es und tut es immer noch aus Unwissenheit und Gier und Bequemlichkeit; das Wohl der Tiere und Pflanzen und auch anderer geistiger Wesen, die mit ihm die Erde bewohnen, ordnet er seinen Bedürfnissen unter. Die Schmerzen, die er verursacht, ignoriert und verdrängt er. Damit geht er eine Schuld ein, die ihn, auch wenn er sich dessen nicht bewusst ist, schwer belastet. Über kurz oder lang hat er keine andere Wahl, als sich den Wunden, die er der Erde und ihren Wesen zufügt, zu stellen. Er muss sich schleunigst Gedanken machen, wie er mit der Gewissheit, tief verwundet zu haben, umgeht und wie er die entstandenen Wunden heilen kann. Er muss sich unbedingt Gedanken darüber machen, in welcher Weise er weiterhin auf der Erde existieren möchte. Darüber, dass er mit der Erde in einem unversöhnten Zustand lebt, besteht kein Zweifel. Aber wie diese Versöhnung sich vollziehen kann und soll, ist ein großes Fragezeichen.

Diese Situation löst bei vielen Menschen tiefe Verzweiflung und innere Not aus. Sie gestehen sich ihre Schuld ein, was einen Seelenschmerz auslöst, der schwer zu ertragen ist. Es ist eine schreckliche Scham, die man empfindet, weil man für das Leid der Erde gezwungenermaßen mitverantwortlich ist. Diese Schuld, die als eine individuelle erlebt wird, quält vor allem jene Menschen, die eine tiefe Liebe und Ehrfurcht für die Natur und das Wesen der Erde verspüren.

DAS WESEN DER VERSÖHNUNG VI

Versöhnung trägt sich zuerst innerlich zu. Ohne das kommt sie nicht aus und zustande. Versöhnung vollzieht sich als ein Verwandlungsprozess des inneren Menschen, also des individuellen. Sobald das nicht der Fall ist, wird Versöhnung schal, oberflächlich oder unwahrhaftig. Versöhnlich handeln bereitet sich vor. Versöhnung ist die Frucht eines Weges, der seinen Anfang viel früher nimmt.

Dazu ist es hilfreich, sich dem Engel der Versöhnung anzuvertrauen. Dadurch wird man zu einem Zeugen unerwarteter Erfahrungen und Einsichten. Das Wesen der Versöhnung hat kein Ende. Es hat eine mütterliche, behütende, nährende Seite. In ihm lebt die weibliche göttliche Natur des Menschen, aber auch seine kindliche. Das Wesen der Versöhnung steht in einer tiefen Beziehung zum Wesen des Inneren Kindes. Dieses Kind liegt in seinen heiligen Hüllen; in ihnen ist es wie seit Ewigkeiten gebettet. Diese Hüllen versprechen ihm vollständige Geborgenheit. Im Wesen des Inneren Kindes lebt ein Keim unseres höchsten göttlichen Wesens. Durch sein Wesen erleben wir unsere individuelle und göttliche Wesenheit. Die offenkundige Verletzbarkeit des Inneren Kindes ist nur die andere Seite seiner unbedingten Einheit mit unserem göttlichen Wesen. Dieses Kind der Seele ruht in den Mänteln des Engels der Versöhnung und bleibt auf diese Weise mit den Quellen seines Wesens vereint.

DIE WESEN DES LEBENDIGEN

Neben der Engelwelt steht die Welt der Wesen der elementaren Welt. Diese Wesen sind die irdischen Geschwister der Engel. Als rein kosmische Wesen sind die Engel Angehörige der übersinnlichen Welten; die Wesen der elementaren Welt haben sich tiefer mit dem Dasein der Erde verbunden. Wie die Engel sind sie treue Diener des Entwicklungsweges des Menschen und seines Schicksals. Die Elementarwesen tragen wie wir und wie die Engel an der Urwunde, nur tut es jede Wesensgattung auf ihre Weise.

Das Lebendige ist unbedingt ans Wesenhafte gebunden. Lebendiges ohne die Existenz geistiger Wesen ist vollständig unmöglich. Die Wesen der elementaren Welt geben davon beredt Auskunft. Auf ihrem Dasein und ihrer Arbeit beruht die gesamte Erdenwirklichkeit. Jeden Moment sind die Wesen der elementaren Welt tätig; jede Erscheinung, jede Erfahrung, selbst jede unserer eigenen Welt, sind unbedingt ihrem Dasein zu verdanken. Ihre Welt, die sich den äußeren Sinnen verschließt, aber den inneren umso mehr öffnet, zu entdecken und zu erforschen, ist eine Arbeit, die an sich schon versöhnlichen Charakter hat. Sie dient dem Zusammenschluss der Welten, die in unserem Zeitalter im Bewusstsein des Menschen auseinandergerückt sind.

Die Art, wie wir zum Leben und zum Tod stehen, wie wir uns und die Erde und unsere Mitwesen behandeln, kann für die Wesen der elementaren Welt Quelle unvorstellbaren Leids, aber ebenso Quelle großer Freude und Stärkung bedeuten. Nur sind wir meistenteils davor bewahrt, dieses Leid oder diese Stärkung mitzuempfinden. Offensichtlich ist es ein großer Fortschritt, für diesen Zusammenhang zwischen der menschlichen und der elementaren Welt empfindsamer und mitfühlender zu werden.

Das Leid unter den Wesen der elementaren Welt zu mildern heißt, an die uralten, heiligen Bande anzuknüpfen, die zwischen den Menschen, den Wesen der elementaren Welt und den Engelwesen schon seit Urzeiten bestehen. Diese Bande haben weiterhin eine große Bedeutung, denn sie verleiben der

Erde deren kosmische Urlebendigkeit ein. An ihnen zu weben und sie zu verstärken kann zu einem wesentlichen Lebensimpuls werden. Der Einzelne hat tatsächlich viele Möglichkeiten, die Lebendigkeit der Erde zu vermehren. Gerade im Kontakt mit den Wesen der elementaren Welt zeigen sich Wege, durch die der Mensch positiv Einfluss nehmen kann auf die Lebens- bzw. Ätherkräfte der Erde.

LEBENSRITUALE

Rituale entfalten sich an der Grenzscheide zwischen dem Wunsch nach Heilung und der Einsicht in die herrschende Not der sichtbaren und unsichtbaren Wesen. Diesem Feld entstammen sie. Sie können recht unterschiedliche Gestalt annehmen. Sie können sich ausschließlich in der Seele des Menschen vollziehen. Damit sind Gebete, Meditationen, Mantren gemeint. Aber auch bestimmte Handlungen können rituellen Charakter bekommen. Im Grunde kann jede Handlung, selbst eine scheinbar banale, zu einem Ritual werden, wenn der handelnde Mensch diese in einem bestimmten Bewusstsein ausführt.

Rituale sind in der Regel durch Traditionen gestützte sakrale Handlungen, die dazu geeignet sind, die Beziehung zwischen den Wesen der unterschiedlichen Welten, vorrangig zwischen den Menschen und den Wesen der höheren Welten, zu stärken. Für diese Rituale gibt es Beispiele, die sich auf bestimmte, meist religiöse Traditionen berufen. Der Weg, der hier angeregt werden soll, folgt nicht religiösen Traditionen, sondern einer anderen Quelle. Diese liegt in der menschlichen Intuition, also in der Kreativität, Spontanität und Weisheit des Menschen. Es ist für den einzelnen Menschen möglich, aufgrund seiner ureigenen Erfahrung und Intuition wirksam zu werden. Jeder kann Rituale entwickeln und praktizieren, die seinen individuellen Fähigkeiten, Lebensumständen und auch Bedürfnissen entsprechen. Das zu tun, ist eine wesentliche Quelle der Versöhnung.

Rituale, die nicht Traditionen und Vorgaben gehorchen, lassen sich aus dem geistesgegenwärtigen Gespräch mit dem Wesenhaften des Ortes und des Augenblicks entwickeln. Sie sind Schöpfungen. Jede Begegnung kann der Anlass eines Rituals sein, das sich im Inneren und der Stille der Seele vollzieht. Eine Landschaft, eine erhebende Stimmung, die Begegnung mit einem Tier, einem Menschen, einer Pflanze, einem Heilmittel, einer Einsicht, die man erhält, rufen das Bedürfnis nach einer versöhnenden Handlung hervor. Sie kann aus einem stillen Dank, einem Segensspruch oder einem Mantram bestehen. Sicherlich wird man üben und eigene Erfahrungen sammeln müssen, aber mit der Zeit erlangt man die Sicherheit, sich der eigenen Schöpferkräfte bewusst zu bedienen.